教育部人文社会科学研究青年基金项目"基于教育数据挖掘的高校学生投入影响因素与评价模型研究"(19YJC880016)资助

基于教育数据挖掘的高校学生投入影响因素与评价模型研究

丁国勇　著

吉林大学出版社

·长春·

图书在版编目(CIP)数据

基于教育数据挖掘的高校学生投入影响因素与评价模型研究 / 丁国勇著. -- 长春：吉林大学出版社，2021.8

ISBN 978 - 7 - 5692 - 8631 - 1

Ⅰ.①基… Ⅱ.①丁… Ⅲ.①大学生－学习－研究 Ⅳ.①G645.5

中国版本图书馆 CIP 数据核字(2021)第 160449 号

书　　名　基于教育数据挖掘的高校学生投入影响因素与评价模型研究
　　　　　JIYU JIAOYU SHUJU WAJUE DE GAOXIAO XUESHENG TOURU YINGXIANG YINSU YU PINGJIA MOXING YANJIU

作　　者　丁国勇 著
策划编辑　邹燕妮
责任编辑　代红梅
责任校对　王　蕾
装帧设计　三易合设计
出版发行　吉林大学出版社
社　　址　长春市人民大街 4059 号
邮政编码　130021
发行电话　0431 - 89580028/29/21
网　　址　http://www.jlup.com.cn
电子邮箱　jdcbs@jlu.edu.cn
印　　刷　长春市昌信电脑图文制作有限公司
开　　本　787mm×1092mm　　1/16
印　　张　10.25
字　　数　230 千字
版　　次　2022 年 5 月　第 1 版
印　　次　2022 年 5 月　第 1 次
书　　号　ISBN 978 - 7 - 5692 - 8631 - 1
定　　价　48.00 元

目　录

绪 论

一、选题背景与研究意义

（一）选题背景

1.高等教育事业发展进入新的阶段

2021年3月1日，教育部网站发布《2020年全国教育事业统计主要结果》：2020年，全国共有普通高校2 738所。其中，本科院校1 270所（含本科层次职业学校21所）；高职（专科）院校1 468所。各种形式的高等教育在学总规模4 183万人，是1949年（11.7万）的358倍，是1978年（86.7万）的48倍，位居世界第一；高等教育毛入学率54.4％，是1978年（1.55％）的35倍，1998年（9.80％）的5.6倍①。

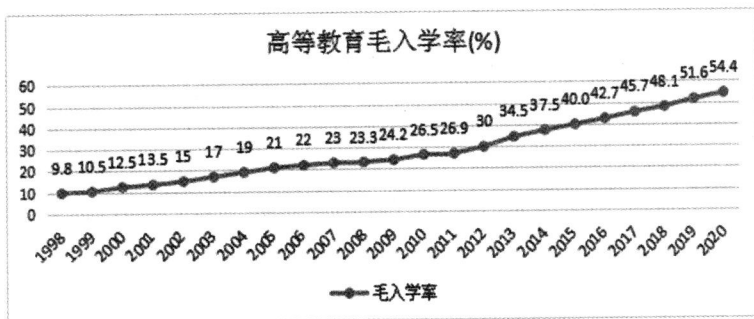

图 0-1　1998－2020年我国高等教育毛入学率

20世纪70年代，美国加利福尼亚大学伯克利分校的社会学教授马丁·特罗（Matin Trow）提出了高等教育发展阶段理论，把高等教育发展过程划分为"精英""大众""普及"三个阶段。在整个人口中，若18至22岁年龄段中超过15％的人接受不同层次和形式的

①2020年全国教育事业统计主要结果［EB/OL］.（2021－3－1）［2021－3－3］.http://www.moe.gov.cn/jyb_xwfb/gzdt_gzdt/s5987/202103/t20210301_516062.html.

高等教育,高等教育发展便进入了"大众化阶段";低于 15％ 则处于"精英阶段";超过 50％ 则可称之达到了"普及阶段"①。根据这样一个量化的高等教育发展阶段的划分,我国在 2019 年已经进入了普及高等教育阶段,实现了从大众化向普及化的历史性跨越。

马丁·特罗认为,高等教育不同的发展阶段不仅体现在毛入学率的差异上,在入学态度、高等教育功能、课程与教学形式、学生生涯、院校特征、权利和决策中心、学术标准、入学与选拔、院校行政管理形式、内部管理等多个方面也存在着差异。在普及高等教育新阶段,高等教育入学不再是少数世袭精英或才智者的特权,或是一定资格者的权利,而是变成了中上阶层的社会义务;大量学生延迟入学,出现时学时辍现象,教育与生活之间的界限模糊。在入学与选拔上强调不同阶层与种族的平等;在行政管理上会有更多的全职管理专家介入,从外部引入管理技术;价值增值成为了学术标准②。

进入普及高等教育阶段给高等教育既带来了机遇,也带来了挑战。高质量发展、跨学科发展、多样化发展将成为主题。高质量发展将取代高速度增长成为主旋律,从外延式发展转变为以提高质量、优化结构为核心的内涵式发展。普及化阶段的高等教育要推动知识传播和人才培养模式的转变,转向既重视学科,又超越学科,同时适应社会应用需求,以解决问题为目标的应用型人才培养模式;以学习者为中心的理念亟待建立,大学治理能力和水平也有待提升③。

2.高校学生投入问题需引起重视

短期内高等教育规模的急速扩张给众多高校带来了一系列的不良效应,如基础设施不足、师资力量缺乏等,这些都导致了高校教学质量的下滑。对于硬件设施、师资资源不足的问题可以通过加大经费投入、建设新校区、增加师资数等方法解决。实际上,高校的主要精力也确实都放在了硬件资源的改善上,而对于学生投入不足等软性影响高校教学质量的重要因素却不够重视。

学生投入不足的表现之一是随意缺课、出勤率低,"不想学习"。根据笔者对所在单位学生进行的一项调查,1％ 的学生经常逃课,60％ 的学生偶尔逃课,在逃课理由中,"参加学生工作或课外活动"排在第一位,占 54.9％,表明第二课堂活动确实在一定程度上冲击了第一课堂教学活动;其次是"对课程内容不感兴趣",占 35.9％;"不满意教师的教学水平",占 16.2％;"自身学习动力不足,不想学习",占 15.1％;有 0.6％ 的学生因为"沉迷游戏"逃课,1.2％ 的学生"因为恋爱"而逃课;另有 10％ 的学生选择"其他"原因。学生学业投入的问题表现之二是普遍存在学业困惑,"不会学习"。进入大学以后,学生仍然延续高中阶段的学习方式,没有能适应大学教学和学习模式,学习主动性差,学习方法不当。同一项调查的结果显示,学生碰到的学习困惑,排在第一位的是"学习方法不当,不适应大学教与

①史朝.高等教育发展的整体思路——评马丁·特罗的高等教育发展阶段理论[J].高等教育研究, 1999(04):98—102.

②马丁·特罗,徐丹,连进军.从精英到大众再到普及高等教育的反思:二战后现代社会高等教育的形态与阶段[J].大学教育科学,2009(03):5—24.

③高教普及化的新挑战:高质量、多样化、跨学科[EB/OL].(2020—11—11)[2021—3—3].https://www.sohu.com/a/431107556_120873682.

学",占 26.8%,其次是"学习动力不足",占 24.7%,"学习目标模糊",占 21.9%,这三项之和占 73.4%。其他学习困惑还有学习氛围不好(11.8%)、缺少教师指导(8.2%)等。

正如陈宝生部长在 2018 年新时代全国高等学校本科教育工作会议上所说:"大学生的成长成才不是轻轻松松、玩玩游戏就能实现的。"即使存在着明眼可见的普遍的学生投入不足的情况,相对较高的毕业率(一般在 90% 以上)在某种程度上意味着"师生合谋"和"放水"。高校还存在一些内容陈旧、轻松易过的"水课","玩命的中学、快乐的大学"。陈宝生部长提出对大学生要合理"增负",要提升大学生的学业挑战度,合理增加课程难度、拓展课程深度、扩大课程的可选择性,激发学生的学习动力和专业志趣,改变考试评价方式,严格过程考评,实现更加有效的学习。要严把出口关,改变学生轻轻松松就能毕业的情况,真正把内涵建设、质量提升体现在每一个学生的学习成果上[①]。

因此,在由外延发展转向内涵发展、确立"以学生为中心"和以本为本的教育理念的阶段,作为教育主体的高校学生的投入问题,应当引起足够的关注、重视与探究。

3.高校中蕴藏着丰富的数据亟待挖掘

进入 21 世纪以来,信息技术、网络技术、存储技术等技术的快速发展以及"互联网+"、云计算、物联网、人工智能、机器学习等技术的大规模应用,在社会生活的诸多方面产生了深刻变革,生成了海量的数据。正如邬贺铨院士所说:"数据量与日俱增,数据处理能力不断增强,数据的资源属性更加明晰,具有可开发的价值"[②]。我们进入了维克托.迈尔一舍恩伯格所称的"大数据时代"[③]。大数据的核心特征包括 4V:数据量大(volume)、高速度(velocity)、多样性(variety)和价值(value),其中最为重要的特征就是数据量大。根据国际数据公司(IDC)发布的研究报告,全球信息总量年增长 40%,每过两年就会翻一番,到 2020 年全球被创建和被复制的数据总量达到 35ZB(35 万亿 GB)。与数据量增长同步的是数据处理能力的增长,"人类存储信息量增长的速度比世界经济的增长速度快 4倍,而计算机数据处理能力的增长速度则比世界经济的增长速度快 9 倍"[④],我们正面临着这种急速发展的冲击和一场生活、工作与思维的大变革。

教育大数据是大数据的一个子集。教育大数据主要包括四种类型:基础数据、状态数据、资源数据和行为数据。高校教学活动、管理活动、评估活动中生成和采集了大量的教育数据,再加之 2012 年以来 MOOC 等在线课程教学形式的兴起也产生了大量的教育数据,按照粗略估计,一所万人学生的高校在一年中产生的基础数据(包括教学视频)大概在 100T(1T=1000G)左右,如此来源复杂、形式多样、规模巨大的教育大数据是一个巨型的"金矿"。

如何从长期积累的教育大数据"金矿"中,通过某种技术挖掘出有价值的"知识",从而

---

①教育部部长陈宝生在新时代全国高等学校本科教育工作会议上的讲话[EB/OL].(2018-12-19)[2021-3-3].https://www.sohu.com/a/283254391_825890.

②邬贺铨.大数据思维[J].科学与社会,2014,4(01):1-13.

③[英]维克托·迈尔一舍恩伯格,肯尼思·库克耶.大数据时代:生活、工作与思维的大变革[M].杭州:浙江人民出版社,2013:1.

④[英]维克托·迈尔一舍恩伯格,肯尼思·库克耶.大数据时代:生活、工作与思维的大变革[M].杭州:浙江人民出版社,2013:13.

指导管理决策和反馈教学,已成为高等教育领域的重要话题和现实需要。教育数据已经成为高校资产的一种新形势。对于教育数据的有效的采集、分析、评价等必然成为高校现代化治理的一种重要手段。

(二)研究意义

1.理论意义

(1)明晰高校学生投入的理论基础

通过梳理国内外各种学生投入理论的历史发展脉络、理论背景及模型、实证研究,更加清晰构建高校学生投入的理论框架和分析模型。

(2)探索高校学生投入的影响因素与评价模型

提出影响高校学生投入的各种相关因素(个体特征因素、个体心理因素、硬件环境因素、政策环境因素等)并通过教育数据挖掘方法分析各因素对于学生投入的影响类型、影响力,为促进高校学生投入提供理论依据。建立高校学生投入的评价指标体系和评价模型,为基于学生投入进行学生评价、管理工作评价和教学质量评价提供参考。

(3)探索基于数据驱动的教育管理和研究模式

通过对教育大数据的研究,完善教育数据采集、转换、传输、共享、挖掘和分析机制,通过教育数据挖掘方法和工具,辅助进行教育管理和教育研究的新模式。

2.实践意义

(1)为促进高校学生投入提供技术支撑

贯彻"以学生为中心"的教育理念,基于现实存在的教育大数据,通过教育数据挖掘方法,探索高校学生投入的影响因素模型,这个模型可以提供给教育管理者、教师使用,通过影响因素鉴别、预测不同投入度的学生,并给予不同的介入与干预,直接服务于学生发展。

(2)为探索基于学生投入的教学质量评价提供经验借鉴

基于某一所高校的案例,构建学生投入评价模型,探索一种新的学生评价、管理工作评价、教学质量评价模式,为其他相关高校提供经验借鉴。

(3)为改进高校教育数据治理提供政策建议

研究该个案高校教育数据治理的模式和流程,通过数据采集、转换、整合过程中的具体情况和所发现的问题,为完善该个案高校的教育数据治理提供政策建议。

二、国内外相关研究综述

(一)学生投入相关研究

基于从1966年起的CIRP新生调查数据和I-E-O院校影响力模型,亚历山大·阿斯廷(ALexander W.Astin)提出了学生投入(student involvement)理论,他认为,尽管大学环境对于学生发展有重要的作用,但学生最终产出主要还是取决于他们在受大学环境影响时的投入(involvement)水平。学生的时间是一种资源,学生投入就是指学生投入到大学经历(college experience)中的体力和心力的量。阿斯廷的学生投入理论把学生的时间和精力看成一种资源,更多关注学生自身所做的一切,比如学生的动机、学生投入大学校园中(学业活动、课外活动、师生互动、同学交流等)的时间和精力的多少,强调大学的作用是通过环境、政策的设计来引导学生把时间和精力有效地投入到个人发展中,学生学业表现和个人发展水平是学生投入最直接的产出标准。

乔治·库(George D. Kuh)进一步提炼了学生投入的概念,把学生投入从 student involvement 变为 student engagement,体现了从被动卷入到主动参与的变化。学生投入代表了高校质量的两个重要特征,一是学生投入到学习和其他有效教育活动的时间和努力,二是高校开发资源、组织课程和创造其他学习机会使得学生投入的努力,其基本假设是学生的高参与度与高校的教育实践及其所创造的条件紧密相关,强化学生投入,可以提升学生在知识、技能和情感方面的发展。乔治·库是全美大学生投入调查(NSEE)的主要创始者,NSSE 是一项在全美范围内调查四年制本科学生对有效学习活动投入程度的年度研究,累积有 1 600 所高校近 600 万学生参加。NSSE 的经验传递到澳大利亚、中国等国家,成为世界上影响力最大的大学生投入调查。

大学生投入调查的兴起,产生了数量可观的相关研究著作与论文。汪雅霜博士对 Web of Science 数据库核心合集中的 2009—2018 年论文进行分析,以"student engagement""student involvement"以及"NSSE"为关键词进行检索、筛选,得到 693 条相关研究文献,通过 VOSviewer 软件对关键词进行聚类分析,得到四个聚类。第一个聚类为大学生学习投入度影响因素研究。这一聚类包含的关键词有 active learning、classroom、gender、knowledge、participation 以及 self-efficacy 等。该聚类主要从个体层面和环境层面探讨大学生学习投入度的影响因素。第二个聚类为大学生学习投入度对学习结果(包括学业成就和学业保持)的影响研究。这一聚类包含的关键词包括 achievement、identity、persistence、retention、success 以及 transition 等。第三个聚类为多元化文化背景下的大学生学习投入度研究。这一聚类包括的关键词有 African-American、diversity、experience、impact 以及 outcome 等。第四个聚类为评估反馈机制对大学生学习投入度的影响。这一聚类包含的关键词有 assessment、feedback、formative assessment 和 perception。从聚类分析的结果可以看出,国际学生投入研究热点呈现出强调大学生学习投入度影响机制模型的构建和注重从社会文化视角探究大学生学习投入度两个典型的特征[①]。

笔者根据收集的与本课题相关的数十篇包含"Student Engagement"的英文论文进行整理,总结出以下三个研究方向。

第一个研究方向为学生投入的测量研究,包括学生投入的量表验证以及不同群体的学生投入差异研究。Karen C. H. Zhoc(2019)等设计并验证了一种大学生投入问卷(higher education student engagement scale, HESES)的有效性。该问卷包括 28 个题项,从学业投入、认知投入、与同伴的社会投入、与教师的社会投入、情感投入等五个维度对于

---

①汪雅霜,赵畅.国际大学生学习投入度研究:进展与趋势——基于 CiteSpace 和 VOSviewer 的文献计量分析[J/OL].重庆高教研究:1-22[2021-03-05].http://kns.cnki.net/kcms/detail/50.1028.G4.20200116.1322.040.html.

学生投入进行测量,并证明学生投入可以解释学业表现15％的变异量、就读体验满意度29％的变异量①。Yura Loscalzo(2019)以491名意大利大学生为样本,验证乌得勒支工作投入量表学生版(UWES－S－9)的意大利语版本的心理测量学特征,采用四种验证性因子分析方法对UWES－S－9的因子结构进行了分析,使用路径分析模型,检验是否存在人口统计学和研究相关的(研究年份和区域)差异,结果证明了UWES－S－9意大利版本具有良好的心理测量特性②。Vali Mehdinezhad(2011)基于大一学生体验问卷(first year experience questionnaire,FYEQ),以1921名学生为样本,通过相关分析、T检验、ANOVA方差分析等方法,从转变投入、学业投入、同伴投入、师生互动投入、智力投入、在线投入、课外活动投入等7个维度探索了大一学生投入的特征及差异③。

第二个研究方向为影响学生投入的因素研究。Gary R.Pike和George D.Kuh(2005)的研究显示第一代和第二代大学生在学生投入方面的差异,第一代大学生的学业投入和社会投入显著低于第二代大学生④。Gary E.Bingham(2012)研究了种族对于学生投入的影响,包括学生的民族认同信念、受歧视的经历和双文化效率、父母的信仰、期望和行为以及教师、同龄人和朋友相关的因素⑤。Shaun,R,Harper(2004)基于12所传统黑人大学1 167名非裔美国大学生NSSE调查数据分析结果显示,在控制了可能掩盖性别差异的几个因素后,非裔女大学生与男大学生的投入并不存在差异,该结论反驳了先前关于哈佛商学院性别差异的研究⑥。Paul D.Umbach(2005)分析两个国家级数据集来探讨教师行为与学生投入之间的关系,研究结果表明,那些教师使用主动和协作学习技术、让学生参与体验、强调课堂上的高阶认知活动、与学生互动、强调学业挑战、提供丰富教育经验的院校中的大学生报告了更高的投入度和学习水平⑦。Ella R.Kahu(2020)对19名澳大利亚大一学生进行半结构化访谈,探讨影响学生投入的个人和学校因素,结果显示,自我效

①Zhoc K C H,Webster B J,King R B,et al.Higher Education Student Engagement Scale (HESES):Development and Psychometric Evidence[J].Research in Higher Education,2019.

②Yura L,Marco G.Study Engagement in Italian University Students:A Confirmatory Factor Analysis of the Utrecht Work Engagement Scale—Student Version[J].Social Indicators Research,2019:1－10.

③Vali Mehdinezhad.First Year Students′ Engagement at the University[J].International Online Journal of Educational Sciences,2011,3(1),47－66.

④Pike G R,Kuh G D.First-and Second-Generation College Students:A Comparison of Their Engagement and Intellectual Development[J].Journal of Higher Education,2005,76(3):276－300.

⑤Gary E.Bingham and Lynn Okagaki.Ethnicity and Student Engagement[M].Handbook of Research on Student Engagement,2012,65－95.

⑥Shaun R,Harper,et al.Gender Differences in Student Engagement Among African American Undergraduates at Historically Black Colleges and Universities[J].Journal of College Student Development,2004,271－284.

⑦Umbach P D,Wawrzynski M R.Faculty do Matter:The Role of College Faculty in Student Learning and Engagement[J].Research in Higher Education,2005,46(2):153－184.

能感、归属感、情感和幸福感是影响学生投入的重要因素[1]。

第三个研究方向为学生投入对其他要素的影响研究。Robert M.Carini(2006)等对14所高校的1058名学生的学生投入、学业表现的数据进行分析,结果显示学生投入的许多方面与期望的学习结果比如成绩或批判性思维之间存在着正相关,尽管大多数是低相关,最低能力的学生能够比同伴从投入上获得更多,低年级和高年级学生通过不同形式的投入来获取学业成就[2]。Arnold B.Bakker(2014)以45名大一心理学学生为研究对象,连续三周每周填写两次学生投入问卷,探讨学生投入与最终课程成绩的关系。通过层次线性模型(hierarchical linear modeling)分析的结果表明,学习投入充分中介了个人资源与观察到的学习活动之间的关系,学习资源通过学习投入与学习活动间接正相关,观察到的学习活动与课程成绩呈正相关[3]。Kok Choy Cheong(2016)通过自编问卷研究学生投入、学业成就与满意度的关系,结果显示学生投入与学业表现以及学生满意度之间存在正相关性。社团与俱乐部的投入也与学生的 GPA 与满意度正向相关[4]。Daniel Flynn(2014)通过逻辑回归分析对2004、2009年的纵向数据研究表明,学业和社会投入行为在个体和院校因素的影响下,对学位获得有显著影响,并且这两种影响是相互独立而非叠加[5]。Kreng Heng(2013)对柬埔寨9所大学的919名大一学生进行问卷调查,回归分析的结果显示学生投入课外相关任务、家庭作业/任务的时间对学业成就有显著影响,学生的大学前学习经历和来源地区对学业成就有一定影响,但课外学习和广泛阅读对学业成就没有显著作用[6]。

国内对于高校学生投入的研究主要体现在学情调查中。清华大学史静寰教授团队于2007年引进 NSSE 并形成 NSSE－CHINA 问卷,2009年进行首次全国调查,2011年更名为中国大学生问卷(CCSS)现已有300多所高校近60万学生参与。厦门大学史秋衡教授团队建成具有自主知识产权的国家大学生学情研究数据库(NCSS),包含40余万关于大学生学习观、学习动机、学习策略的问卷数据。南京大学、西安交通大学、湖南大学等参加美国加州伯克利大学主持的"国际研究型大学学生就读经验调查(SERU)",华中科技大学、中山大学也使用自编问卷,针对本校学生进行了学情调查。基于学情调查数据,

①Kahu E R , Picton C , Nelson K.Pathways to engagement：a longitudinal study of the first-year student experience in the educational interface[J].Higher Education,2020,79(1).

②Carini R M , Klein K S P.Student Engagement and Student Learning：Testing the Linkages[J].Research in Higher Education,2006,47(1):1－32.

③Bakker A B , Sanz Vergel A I , Kuntze J.Student engagement and performance：A weekly diary study on the role of openness[J].Motivation & Emotion,2015,39(1):49－62.

④Cheong K C , Ong B.An Evaluation of the Relationship Between Student Engagement, Academic Achievement, and Satisfaction［M］// Assessment for Learning Within and Beyond the Classroom. Springer Singapore,2016.

⑤Flynn D.Baccalaureate Attainment of College Students at 4-Year Institutions as a Function of Student Engagement Behaviors：Social and Academic Student Engagement Behaviors Matter[J].Research in Higher Education,2014,55(5):467－493.

⑥Kreng, Heng.The Relationships between Student Engagement and the Academic Achievement of First-Year University Students in Cambodia[J].Asia Pacific Education Researcher,2014.

国内学者从以下几方面进行研究:一是进行某一高校的学情分析,比如史静寰教授的清华大学本科学情调查报告;二是进行不同高校的学情对比分析,包括国内不同类型高校之间的比较,中国高校与国外高校的比较等;三是深入探讨学生投入与学习收获、学习方式、学习满意度之间的关系。

笔者从中国期刊网以"学生投入""学习投入"为关键词,设置检索范围为 2000－2020 年,来源类别为 CSSCI 期刊或核心期刊,共检索到相关论文 244 篇,筛选掉研究对象为中职生、中学生和小学生后,剩余有效论文为 184 篇[①]。

图 0-2 列出了 2000－2020 年每年发表的相关论文数量。从统计数据来看,2000－2010 年属于国内学生投入研究的起步阶段,累计发表论文仅有 8 篇,其中 2001－2006 年、2009 年均没有论文在核心期刊或 CSSCI 期刊发表。2011－2020 年为国内学生投入研究的快速发展阶段,特别是 2014 年以来发表论文数稳步上升,2020 年更达到了 37 篇,已经成了一个颇受关注的重要研究领域。

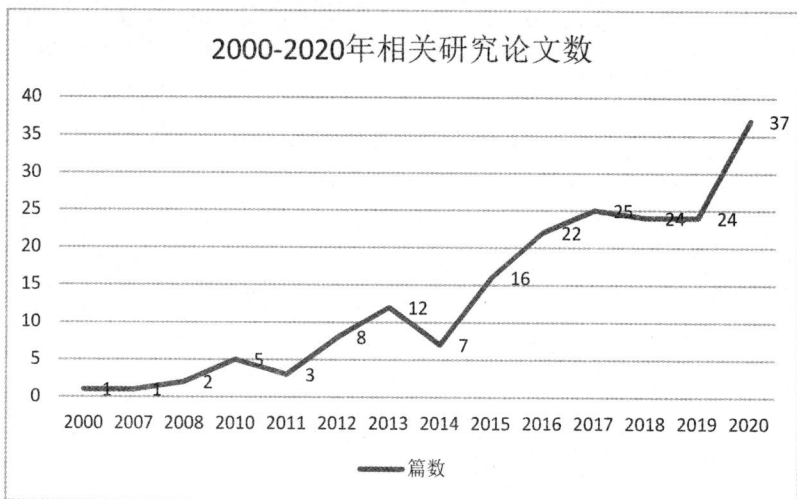

图 0-2 2000－2020 年国内学生投入相关研究论文数(CSSCI、北大核心)

对 184 篇期刊论文的关键词词频进行统计,学生投入(94 次)、学习投入(15 次)、学习投入度(10 次)等 3 个关键词出现频次最高,其他频次较高的还有:学习收获、影响因素(7 次),在线学习投入(6 次),学习分析、情感投入、本科生、专业承诺、行为投入(5 次),认知投入、大学生学习、高等教育、在线学习、成就目标定向(4 次)、网络学习、学习动机、结构方程模型、专业满意度、学业自我效能感、教学行为、网络学习投入、动机调节、混合教学、混合学习、教师支持、课堂教学(3 次)。

通过对 184 篇期刊论文的梳理,总体可以分为四个主要研究领域。第一个研究领域是学生投入的相关理论及测量研究。孔企平(2000)较早地对学生投入的概念和结构进行

①国内研究中,学生投入(student engagement/involvement)经常被翻译为学习投入,在一定语境中两者是等同的。

研究,认为学生投入是一种主动的个性化的课程经验,是以学生行为投入为载体的心理活动,总结了学生投入的三个维度(情感投入、认知投入、行为投入)的相关研究①。徐波(2013)详细介绍了学生投入理论的内涵、特点及应用,认为学生投入理论直接关注学生的动机和行为,强调学校环境的重要性以及强调学生的非课堂投入②。学习投入的形式包括课堂投入、师生互动、同学互动、服务学习、课外活动、住宿教育和校园兼职等③。方来坛(2008)对 UWES-S 量表进行翻译,并验证了中文版学习投入量表的结构和信效度④。田甜(2018)等基于某工科高校 2016 年的 CCSS 问卷数据,构建了大学生学习投入五维度二阶因子结构模型并验证了其有效性⑤。郭菲(2018)认为学生投入采用自陈式问卷进行调查,其数据质量可能受填答者社会称许性反应的影响⑥。尹弘飚(2020)则系统梳理了学生投入研究的相关视角,包括行为观、心理观和社会文化观,并提出"动机与投入轮"可以作为研究高校学生投入的更为适当的理论框架和研究工具⑦。

第二个研究领域是学生投入的影响因素研究。杨立军(2016)基于 4 次追踪调查的研究,认为影响学生投入的因素主要包括学生人口统计学变量(性别、来源城乡、社会经济地位、来源高中、学科)、学生认知变量(向学/厌学)和学生感知变量(归属感、满意度)⑧。韩宝平(2014)将学生投入的影响因素分为先赋性因素和教育性因素,并通过实证研究证明教育性因素比先赋性因素对学生学习投入的影响更为显著⑨。许长勇(2013)使用来自 8 所地方"211 工程"院校学生的数据检验了专业承诺对大学生学习投入的影响。结果表明,专业承诺中情感承诺对于学习投入的活力、奉献和专注 3 个维度都有显著正向影响⑩。何旭明(2014)研究了教师的教学投入对于学生投入的影响⑪。施涛(2016)基于422 名在校大学生的样本数据的研究证明教师的趣味性教学策略对学生的情感投入、认

---

①孔企平."学生投入"的概念内涵与结构[J].外国教育资料,2000(02):72-76.

②徐波.高校学生投入理论:内涵、特点及应用[J].高等教育研究,2013,34(06):48-54.

③徐波.高校学生投入:从理论到实践[J].教育研究,2013,34(07):147-154.

④方来坛,时勘,张风华.中文版学习投入量表的信效度研究[J].中国临床心理学杂志,2008,16(06):618-620.

⑤田甜,张玲华.基于 CCSS2016 问卷的大学生学习投入结构再研究[J].黑龙江高教研究,2018,36(06):119-125.

⑥郭菲,赵琳,连志鑫.大学生自我报告的学习投入可靠吗——大学生群体的社会称许性反应及对自陈式问卷调查的影响[J].华东师范大学学报(教育科学版),2018,36(04):53-61+163.

⑦尹弘飚.行为观、心理观与社会文化观:大学生学习投入研究的视域转移——兼论中国高校教学质量改进[J].华东师范大学学报(教育科学版),2020,38(11):1-20.

⑧杨立军,张薇.大学生学习投入的影响因素及其作用机制[J].高教发展与评估,2016,32(06):49-61+92-93.

⑨韩宝平.大学生学习投入影响因素分析[J].国家教育行政学院学报,2014(08):77-82.

⑩许长勇,贺立军,吕正仪.大学生专业承诺对学习投入的影响研究[J].河北工业大学学报,2013,42(02):102-105.

⑪何旭明.教师教学投入影响学生学习投入的个案研究[J].教育学术月刊,2014(07):93-99.

知投入和行为投入都有显著的正向影响①。马力（2017）通过对北京市属高校 2267 名学生的问卷调查发现大学生师生关系与学习投入相关程度较高②。王伟宜（2016）的研究显示家庭文化资本不同的大学生在学习投入各方面都存在显著的差异，家庭文化资本越多，尤其是家庭文化习惯越好、家庭文化期待越高的大学生的学习投入也越多；父母受教育程度、家庭文化习惯、家庭文化期待三种家庭文化资本均对大学生的学习投入产生了积极的影响③。田甜（2018）基于 CCSS 数据，构建了大学生个体学习投入与高校环境影响的结构方程模型，检验模型拟合度、信效度等，从生态学、文化学、系统论、哲学视角探讨了高校环境对于学生投入的影响④。

第三个领域是学生投入对其他要素的关系研究，包括学生投入与学习收获、学习绩效、满意度、学习兴趣等。汪雅霜（2015）基于 48 所本科院校 59 032 名大学生的学情调查数据，使用多层线性模型来探讨大学生学习投入度对学习收获的影响机制，结果表明：大学生学习投入度对学习收获有较高的解释率，其中同伴互动因子对学习收获的影响最大⑤。杨院（2017）探讨了不同类型的大学生学习投入对于学习收获的影响⑥。郭卉（2018）基于对 5 所理工科高校 836 名至少有一次完整科研参与经历的理工科大学生的问卷调查发现，大学生科研学习投入对学习收获影响显著⑦。张洪亚（2018）和苏林琴（2020）则分别对理工科和工科学生的学习投入与学习收获的关系进行了实证研究⑧⑨。杨院（2016）的研究显示学习投入在学习信念对学习收获影响中的具有中介作用⑩。郭建鹏（2019）的研究证明学生投入在学习体验和学业成就间起部分中介作用，在学习体验和共通能力间起完全中介作用，在学习体验和满意度间起部分中介作用⑪。庄妍（2015）的

①施涛,张敏,赵云芳.两种教学策略对大学生学习投入的影响研究[J].教育学报,2016,12(01):54—61.

②马力,姜蓓蓓,杨瑞.师生关系对大学生学习投入的影响研究——基于北京市属高校的调查数据[J].思想教育研究,2017(07):121—124.

③王伟宜,刘秀娟.家庭文化资本对大学生学习投入影响的实证研究[J].高等教育研究,2016,37(04):71—79.

④田甜.高校环境对大学生学习投入的影响研究:基于 CCSS2016 问卷[J].教育发展研究,2018,38(17):43—49.

⑤汪雅霜.大学生学习投入度对学习收获影响的实证研究——基于多层线性模型的分析结果[J].国家教育行政学院学报,2015(07):76—81.

⑥杨院,李艳娜,丁楠.大学生学习投入类型及其与学习收获关系的实证研究[J].高教探索,2017(03):74—77.

⑦郭卉,韩婷.大学生科研学习投入对学习收获影响的实证研究[J].教育研究,2018,39(06):60—69.

⑧张洪亚,郭广生.理工大学生学习投入对学习收获影响的实证研究[J].西南交通大学学报(社会科学版),2018,19(05):28—33.

⑨苏林琴.工科大学生学习投入与收获的关系研究[J].中国高教研究,2020(02):70—76.

⑩杨院.以学习投入为中介:学生学习信念影响学习收获的机制探究——以"985 高校"本科生为例的分析[J].高教探索,2016(03):75—78.

⑪郭建鹏,计国君.大学生学习体验与学习结果的关系:学生投入的中介作用[J].心理科学,2019,42(04):868—875.

研究显示大学生在认知、情感及行为等方面的学习投入受到来自未来时间洞察力的显著影响，并通过学习投入对主观幸福感产生了较为显著的间接影响[①]。

第四个研究领域是在线学习环境下的学生投入研究。陈侃(2016)基于对MOOCs视频特征和学生跳转行为的大数据分析，研究了学生在线视频的学习投入[②]。方佳明(2018)的研究表明社会交互除了对MOOC学习投入有直接影响效应，也通过能力和关系需求的满足以及沉浸感的提升间接影响MOOC学习投入[③]。兰国帅(2019)的研究显示MOOC学习者的学术自我效能感、教学存在感和感知有用性对其学习投入度有显著的正向影响，MOOC学习者的学习投入度对其学习坚持性有显著的正向影响[④]。白然(2020)则认为cMOOC中的学习投入对学习收获具有显著正向影响，且不同类型的学习投入对学习收获各个维度影响不同[⑤]。陆根书(2017)基于西安交通大学大学生学习经历调查数据，分析了常规和在线学习情景下学生投入行为特征。结果显示，常规学习情景下学生投入和在线学习情景下学生投入的相互替代性低，根据在常规和在线学习情景下的学生投入行为，可将学生分为"被动型""传统型""网络型"和"积极型"四种类型，分别占调查样本总数的24.56%、19.49%、35.96%和19.99%[⑥]。贾非(2019)认为混合学习和在线学习对于激发学生投入度、提升学业成绩具有积极作用，混合学习中见面课时比例增加对于两种投入度具有促进作用，但是学习模式和混合比例对学生投入度的影响还将取决于网络环境、资源环境和互动环境的水平[⑦]。刘斌(2017)的研究则证明教师支持对在线学习投入呈现显著的正向作用，各维度的影响效应由强及弱依次为自主支持、情感支持、认知支持[⑧]。

以上国外和国内的研究现状和趋势表明，国外和国内学者关于学生投入的理论和实践已经开展了丰富的研究，取得了一系列的研究成果，但也存在以下几点可以改进的方面：一是关于学生投入的数据采集都是通过问卷调查的方式进行，虽然问卷数据具有一定的信度和效度，但学生在问卷填写中毕竟存在一定的主观性，而在教育大数据背景下，高校的各类信息系统中存有大量的学生投入的客观行为数据，这些数据可以而且应当作为学生投入研究的数据来源；二是大部分研究没有考虑学生的个体特征及心理因素，如人格

①庄妍,张典兵.大学生未来时间洞察力与主观幸福感:学习投入的中介效应[J].教育评论,2015(07):85－87＋114.

②陈侃,周雅倩,丁妍,严文蕃,吕倩文.在线视频学习投入的研究——MOOCs视频特征和学生跳转行为的大数据分析[J].远程教育杂志,2016,34(04):35－42.

③方佳明,唐璐玢,马源鸿,胡丽雪.社会交互对MOOC课程学习投入的影响机制[J].现代教育技术,2018,28(12):87－93.

④兰国帅,郭倩,钟秋菊.MOOC学习投入度与学习坚持性关系研究[J].开放教育研究,2019,25(02):65－77.

⑤白然.CMOOC学习收获及其与学习投入关系的研究[J].现代远距离教育,2020(04):63－72.

⑥陆根书,刘秀英.常规和在线学习情景下学生投入特征及类型——基于西安交通大学大学生学习经历调查数据[J].高等工程教育研究,2017(03):129－136.

⑦贾非,赵彬竹,李志创.混合学习与在线学习对学生投入度的影响——以学习环境为视角[J].复旦教育论坛,2019,17(05):55－61.

⑧刘斌,张文兰,刘君玲.教师支持对在线学习者学习投入的影响研究[J].电化教育研究,2017,38(11):63－68＋80.

特质、自我效能感等对于学生投入的影响,而心理因素也应该是学生投入的重要影响因素之一;三是大部分的研究成果相对比较宏观和中观,通过调查了解了总体的学生投入和发展情况,没有能够针对具体学生提出个性化的建议与支持。

(二)教育数据挖掘相关研究

教育数据挖掘起源于 Corbett 和 Anderson 于 1995 年提出的贝叶斯知识跟踪(bayesian knowledge tracing)模型。Romero(2006)认为"教育数据挖掘是一个与数字化学习、自适应超媒体、智能导师系统、Web 挖掘、数据挖掘等成熟领域相关的即将到来的研究领域,其应用更多的关注学习者和教育系统的教育方面[1]。"2008 年第一届教育数据挖掘国际会议中把教育数据挖掘定义为"是一个将来自各种教育系统地原始数据转换为有用信息的过程,这些有用信息可为教师、学生及其家长、教育研究人员以及教育软件系统开发人员所利用"。Baker(2009)认为教育数据挖掘是一个"开发方法探究教育环境中的独特类型数据的新兴学科,通过这些方法来更好地理解学生和他们的学习环境[2]。国际教育数据挖掘学会对教育数据挖掘的定义与 Baker 的定义相近:"通过开发方法分析教育环境中独特且不断增长的大规模数据的新兴学科"。

教育数据挖掘的发展得益于国际学术组织"国际教育数据挖掘学会"(international educational data mining society,IEDMS),该组织及其前身"教育数据挖掘工作组"通过举办一年一届的国际学术会议 International Conference on Educational Data Mining 和出版专业期刊《Journal of EDM》促进了教育数据挖掘的理论发展与实践探索。

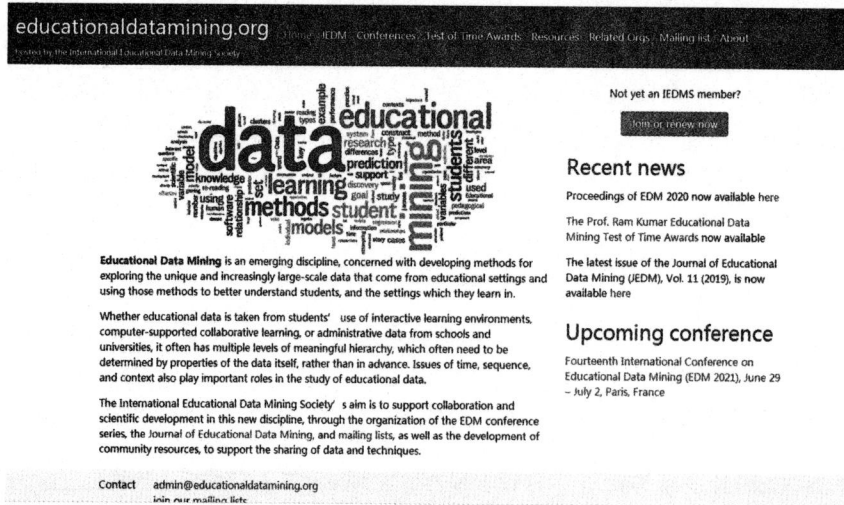

图 0-3　国际教育数据挖掘学会网站

---

[1] C Romero ,S Ventura.Educational data mining:A survey from 1995 to 2005[J].Expert Systems with Applications,2007 ,33(1):135－146.

[2] RYAN S.J.D.BAKER.The State of Educational Data Mining in 2009:A Review and Future Visions[J].Journal of Educational Data Mining,2009,1(1):1－16.

表 0-1 教育数据挖掘国际会议举办时间及地点

届	举办时间及地点	届	举办时间及地点
1	2008 年 6 月 20—21 日,加拿大蒙特利尔	8	2015 年 6 月 26—29 日,西班牙马德里
2	2009 年 7 月 1—3 日,西班牙科尔多瓦	9	2016 年 6 月 29—7 月 2 日,美国罗利
3	2010 年 6 月 11—13 日,美国匹兹堡	10	2017 年 6 月 25—28 日,中国武汉
4	2011 年 7 月 6—8 日,荷兰埃因霍温	11	2018 年 7 月 15—18 日,美国布法罗
5	2012 年 6 月 19—21 日,希腊克里特岛	12	2019 年 7 月 10—13 日,加拿大蒙特利尔
6	2013 年 7 月 6—9 日,美国孟菲斯	13	2020 年 7 月 10—13 日,全线上会议
7	2014 年 7 月 4—7 日,英国伦敦	14	2021 年 6 月 29—7 月 2 日,法国巴黎

Romero(2006)对 1995—2005 年教育数据挖掘领域的研究进行回顾,提炼出其主要数据来源包括传统课堂、远程教育、学习管理系统和基于 Web 的自适应智能教育系统,主要技术包括统计与可视化、Web 挖掘、聚类、分类和异常检测、关联数据挖掘和时序模式挖掘、文本挖掘①。Baker(2009)对相关研究进行回顾,总结出教育数据挖掘的四个关键应用领域:一是改进学生模型。学生模型代表关于学生特征或状态的信息,如学生当前的知识、动机、元认知和态度,模拟学生在这些领域的个体差异,使软件能够影响这些个体差异,显著改善学生的学习;二是发现或改进领域的知识结构模型。通过将心理测量建模框架与机器学习文献中的空间搜索算法相结合,许多研究人员已经能够开发直接从数据中发现精确领域结构模型的自动化方法。三是研究教学支持(无论是在学习软件,还是在其他领域,比如协作学习行为),对发现哪种类型的教学支持是最有效的,无论是总体上还是对不同的学生群体;四是寻找经验证据,来完善和扩展教育理论和著名的教育现象,以便对影响学习的关键因素有更深入的理解,通常是为了设计更好的学习系统②。Bakhshinategh(2018)回顾了 2010—2017 年的相关研究,依据教育数据挖掘的目标,将其分为学生建模(包括预测表现、未知行为、特征提取和分组、社会网络分析)、决策支持系统(提供报告、预警系统、计划与日程安排、概念图开发、推荐系统等)、自适应系统、评价和科学探究五个方向③。

牟智佳(2017)梳理了 2007—2016 年 602 篇国外文献,认为教育数据挖掘可以分为情感计算与悦趣化学习、学习过程分析与教学支持、学习评价与反馈、个性化学习与智能导学系统等四个亚研究领域④。李宇帆(2019)依据国外研究将教育数据挖掘分为个性化学

①C Romero ,S Ventura.Educational data mining:A survey from 1995 to 2005[J].Expert Systems with Applications,2007 ,33 (1) :135—146.

②RYAN S.J.D.BAKER. The State of Educational Data Mining in 2009:A Review and Future Visions[J].Journal of Educational Data Mining,2009,1(1):1—16.

③Bakhshinategh B,Zaiane O R,ElAtia S,et al.Educational data mining applications and tasks:a survey of the last 10 years[J].Education and Information Technologies,2018,23(1):537—553.

④牟智佳,俞显,武法提.国际教育数据挖掘研究现状的可视化分析:热点与趋势[J].电化教育研究,2017,38(04):108—114.

习服务、学生学习效果研究、学生辍学研究、学习行为研究四个应用方向①。笔者基于对所收集的国外相关研究文献的梳理,认为可以将教育数据挖掘分为两大研究方向。第一个是教育数据挖掘相关的模式、算法、技术、软件研究。第二个方向是教育数据挖掘的应用研究,主要包括学生建模或学生画像,学业表现预测,课程资源推荐系统开发等。

相对于国外研究,国内关于教育数据挖掘的研究开始较晚。笔者从中国期刊网以"教育数据挖掘"作为关键词,设置检索范围为 2000—2020 年,来源类别为 CSSCI 期刊或核心期刊,共检索到相关论文 90 篇。

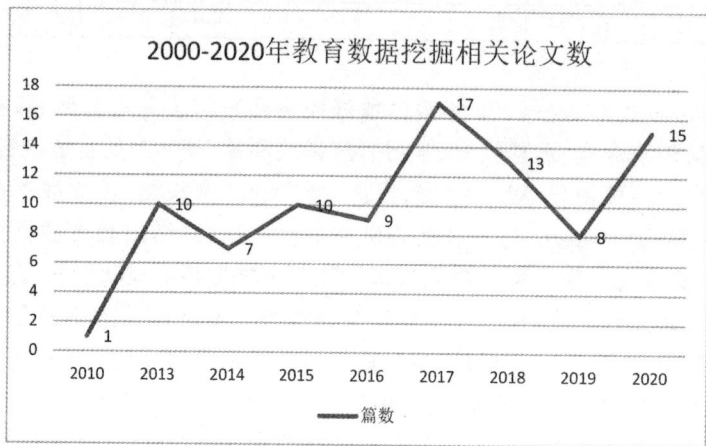

图 0-4 2000—2020 年教育数据挖掘相关论文数(CSSCI、北大核心)

2000—2009 年没有教育数据挖掘相关的论文在 CSSCI 和北大核心期刊发表。2010年第一篇论文是李婷(2010)等对国内外教育数据挖掘研究的现状及趋势进行分析②,在2010 年之前国内研究文献中虽然将数据挖掘技术应用于教育领域,但并没有将教育数据挖掘作为一个专门术语来使用。2013 年被称为大数据元年,自此以后,教育数据挖掘作为一个专门研究领域在国内得到认可。2013—2020 年所发表的论文数相对较为稳定,在7 至 17 篇之间,年均 10 篇。

就论文发表的来源期刊进行统计,《中国电化教育》发表 14 篇,《远程教育杂志》发表11 篇,《电化教育研究》发表 9 篇,《中国远程教育》发表 9 篇,《现代教育技术》发表 7 篇,《开放教育研究》发表 5 篇,这六本期刊均为国内教育技术学科的权威刊物,显示教育数据挖掘具备鲜明的教育技术学属性。其他刊文较多的期刊包括《黑龙江高教研究》4 篇和《清华大学教育研究》3 篇。

就关键词词频统计数据来看,教育数据挖掘(37 次)、学习分析(24 次)、数据挖掘(18次)、大数据(16 次)和教育大数据(16 次)是词频最高的五个关键词。其他词频书较高的还有在线教育(5 次),机器学习、智慧教育、人工智能(4 次),可视化、推荐系统、社会网络

---

① 李宇帆,张会福,刘上力,唐兵.教育数据挖掘研究进展[J].计算机工程与应用,2019,55(14):15—23.

② 李婷,傅钢善.国内外教育数据挖掘研究现状及趋势分析[J].现代教育技术,2010,20(10):21—25.

分析、个性化学习、成绩预测、智慧课堂、学业表现、认知诊断(2 次)等①。

总结下来,国内教育数据挖掘研究主要包括三个方向。第一个方向为理论研究及综述,主要是介绍教育数据挖掘的基本概念、国外的经验,以及探讨大数据时代教育数据挖掘对教育管理、教育研究的影响。祝智庭(2013)认为随着大数据的崛起和数据密集科学的发展,学习分析学(LA,learning analytics)和教育数据挖掘(EDM,educational data mining)成为大数据在教育领域的具体应用,以大数据为基础的教育技术的新范式已经构建②。丁小浩(2017)讨论了大数据时代的教育研究,特别从研究的几个环节具体分析了大数据驱动的教育数据挖掘的研究范式与传统研究范式的异同③。宋博(2020)认为将教育数据挖掘纳入比较教育学的研究方法之一,将使得该学科有更加广泛的发展④。胡弼成(2015)的综述认为大数据及基于大数据的教育数据挖掘等技术在促进教与学、推进教育决策的科学性、完善教育质量监控体系、促进教育评价的全面性和客观性等方面发挥重要作用⑤。

第二个方向为学习过程分析,主要是基于网络教学平台或教育大数据对学生(教师)的行为进行分析。田娜(2014)以江南大学网络教学平台为例,采用教育数据挖掘技术,根据学生的相似特性对学生进行聚类分析,以分析对课程成绩影响的各种因素⑥。贺超凯(2016)分析了 2012－2013 学年哈佛大学和麻省理工学院在 ed X 平台上开设的 16 门课程的 60 余万人次学习行为记录,归纳学习者学习行为特征,对部分典型行为特征进行数据挖掘,采用逻辑斯谛回归方法对成绩进行预测⑦。王冬青(2020)从教师专业发展的角度,将教育数据挖掘方法应用于智慧课堂环境下教师行为数据的可视化分析与应用,提出一种面向智慧课堂教师教学模式的频繁序列挖掘算法和聚类分析方法,并通过教学视频案例进行分析验证⑧。

第三个方向为学生发展分析,主要通过教育数据挖掘方法对学生投入、学习成果、学业表现等进行预测或预警。舒忠梅(2015)将传统相关分析方法和教育数据挖掘方法相结合,构建学生投入研究模型,识别学生投入的相关因素,并对学生学习行为进行分类研究⑨。陈子健(2017)应用教育数据挖掘方法确定影响在线学习者学业成绩的因素并构建

---

① 国内大部分研究并未详细区分教育数据挖掘(EDM)和学习分析(LA)这两个高度相似但略有不同的概念。

② 祝智庭,沈德梅.基于大数据的教育技术研究新范式[J].电化教育研究,2013,34(10):5—13.

③ 丁小浩.大数据时代的教育研究[J].清华大学教育研究,2017,38(05):8—14.

④ 宋博,吕云震.论数据挖掘对比较教育研究的影响[J].黑龙江高教研究,2020,38(04):87—90.

⑤ 胡弼成,王祖霖."大数据"对教育的作用、挑战及教育变革趋势——大数据时代教育变革的最新研究进展综述[J].现代大学教育,2015(04):98—104.

⑥ 田娜,陈明选.网络教学平台学生学习行为聚类分析[J].中国远程教育,2014(11):38—41.

⑦ 贺超凯,吴蒙.EDX 平台教育大数据的学习行为分析与预测[J].中国远程教育,2016(06):54—59.

⑧ 王冬青,刘欢,邱美玲.智慧课堂教师行为数据的分析方法与应用验证[J].中国电化教育,2020(05):120—127.

⑨ 舒忠梅,徐晓东,屈琼斐.基于数据挖掘的学生投入模型与学习分析[J].远程教育杂志,2015,33(01):39—47.

分类预测模型[①]。舒忠梅(2014)采用逐步回归和神经网络等教育数据挖掘技术,在学生个体和学校两大层面构建大学生学习成果的预测和评价模型,对大学生学习成果及其影响因素进行分析[②]。陈佳明(2020)对比了4个效果最优的课程成绩预测分类算法,以准确率较高的算法构成加权投票集成算法,得到了最高的预测准确率[③]。

通过国内外学者对教育数据挖掘研究,我们认为教育数据挖掘是一个新兴的、跨学科、多学科的研究领域,其主要研究对象为教育环境中的数据,主要内容是相关(不仅仅是数据挖掘)方法、技术、工具、流程、模式的开发及应用,主要目标是挖掘教育数据的价值,服务于学生、教师及其他利益相关者,解决教育领域的实际问题。经过20多年的发展,教育数据挖掘的应用模式和技术工具已趋于成熟,可以作为挖掘高校中所蕴藏着丰富的数据的利器。

三、研究目标与概念界定

(一)研究目标

本研究的主要研究目标包括以下四个方面。

一是系统梳理国内外高校学生投入理论及相关研究成果;二是分析影响高校学生投入的相关影响因素,特别是考虑个体特征差异对于学生投入的影响;三是建立高校学生投入的评价模型,并探索该模型在学生综合评价、管理工作评价、教学质量评价中的有效性;四是探索教育数据挖掘在高校教育管理和研究中应用的可行性和有效性。

本研究拟围绕以下问题展开。

1.高校学生投入的理论梳理

系统梳理国内外高校学生投入的相关理论和实践探索,主要从以下几个方面来回答:已有研究中对于投入如何定义,包括哪些类型?已有研究中通过哪些维度来衡量学生投入?学生投入与学业表现、学习成果、学生满意度之间有怎么样的区别和联系?不同类型高校中的学生投入有哪些共同点和差异?

2.高校学生投入的影响因素研究

主要探讨影响高校学生投入的主要因素,从以下几个方面来回答。

现有研究认为学生投入的影响因素有哪些?这些影响因素与不同维度的学生投入相关性如何?除了现有的影响因素外,学生的个体特征和心理因素对于学生投入有怎样的影响?各种因素对于学生投入的作用机制是怎样的?

---

①陈子健,朱晓亮.基于教育数据挖掘的在线学习者学业成绩预测建模研究[J].中国电化教育,2017(12):75—81+89.

②舒忠梅,屈琼斐.基于教育数据挖掘的大学生学习成果分析[J].东北大学学报(社会科学版),2014,16(03):309—314.

③陈佳明,骆力明,宋洁.大学基础课课程成绩加权投票预测模型研究[J].现代电子技术,2020,43(01):93—98.

本研究探索将学生投入的主观性问卷调查数据与高校各类信息系统中的客观行为数据结合起来研究学生投入的影响因素,还需要解决这样几个问题:高校信息系统中有哪些教育数据可以表征学生投入的客观行为数据？如何对这些客观行为数据进行采集、分析、转换？如何判定客观行为数据的有效性？主观问卷数据与客观行为数据之间的相关性如何？表征同一影响因素,使用主观问卷数据或客观行为数据哪个更为有效？

3.高校学生投入的评价模型研究

主要探讨高校学生投入评价模型的构建及有效性分析,包括以下几方面内容:学生投入的主要评价指标有哪些？各指标之间的关系如何？通过本研究构建了怎样一个学生投入的评价模型？能否利用这个评价模型进行学生综合评价？能否利用这个模型进行管理工作评价和教学质量评价？

4.教育数据挖掘应用于高校教育管理与研究的有效性研究

教育数据挖掘是本研究中主要的数据分析和模型建立的方法和工具。本研究按照教育数据挖掘的标准模式,进行问题的识别、数据的采集、预处理、转换、挖掘、算法比较、模型建立等操作。教育数据挖掘的主要技术方法包括预测、聚类、关系挖掘、人类判断过程简化和模型构建等。

本研究也需要回答以下的几个问题。

教育数据挖掘应用于高校教育管理与研究的可行性如何？高校现有的教育数据能否满足教育数据挖掘的基本要求？如果不能满足,需要对现有教育信息系统进行怎样的改进？如何选择合适的教育数据挖掘工具软件？不同教育数据挖掘方法在本研究中应用的有效性如何？如何建立完善的高校教育数据治理框架？

(二)概念界定

1.学生投入

"投入"在汉语语境中包括两种含义,其一是代表具体动作行为的掷入、丢入,其二是指心意专注。本研究中的投入指向的是第二种含义。学生投入是指学生投入到学习和其他活动的时间和精力,这些学习和活动能够促成学生成功的预期。学生投入的程度可以用一定的方式进行测量与比较。

2.教育数据挖掘

辞海中对数据的定义是"科学实验、检验、统计等所获得的和用于科学研究、技术设计、查证、决策等的数值。"教育数据是一种特定类型的数据。教育数据产生于教育主体、教育客体和教育活动,覆盖教育全过程,是对教育世界的抽象与一般化。教育数据挖掘是在教育领域应用数据挖掘及相关技术、方法、工具,采集、处理、分析、评价教育数据,并使之服务于教学、管理等过程,有利于教师、学生、管理者等利益相关者的一项活动。

教育数据挖掘是融合了计算机科学、统计学、教育学、机器学习等多个学科的新兴的复合交叉研究领域,不仅继承了来源学科的基本特征,还具有自己的独立特性。本研究认为,教育数据挖掘应该是一个较为宽泛的概念,对教育数据进行数据处理、描述统计、差异分析、回归分析等操作均可以纳入教育数据挖掘范畴。

3.影响因素

影响是指一方的思想、行为及事件等引起他方发生变化的作用,因素是指构成事物发展的原因、要素,统合起来,影响因素就是指某一事物发生变化的原因和要素。在本研究中,影响因素主要是指引起学生投入变化或差异的相关变量。

4.评价模型

评价是指对事物的价值或效用进行评定、测定或衡量。模型是对实际问题的一种数学表述,是为了一个特定的目标,对特定的对象,根据特有的内在规律,做出一些必要的简化假设后得到的一个数学结构。本研究中,评价模型是指运用教育数据挖掘等方法构建的对学生投入进行评定的简化的数学结构。

四、研究思路与研究方法

(一)研究思路

本研究的主要研究思路是"理论梳理—数据采集—影响因素分析—评价模型建立",包括:(1)通过回顾高校学生投入理论的相关研究文献,建立学生投入的理论分析框架。(2)对高校教学管理信息系统和其他相关信息系统中的数据进行分析,采集能够表征学生投入的客观行为数据。(3)整合学生投入问卷数据、学生个体特征数据(包括心理特征等)以及客观行为数据,通过教育数据挖掘方法分析出影响学生投入的主要因素。(4)基于主要影响因素,建立学生投入评价模型,并对其有效性进行测试和校验。

(二)研究方法

1.文献分析

文献分析法通过对现有文献的查阅、分析和整理,了解现状,获取准确的信息。本研究需要通过查阅相关国内外文献,了解其他研究者对教育数据挖掘、学生投入等主题的最近研究进展。通过文献分析,也能掌握本研究相关主题的理论基础、历史演进和发展脉络。

2.个案研究

个案研究(case study)指采用各种方法,搜集有效、完整的资料,对单一对象进行深入细致研究的过程。本研究选择 N 大学进行个案研究,需要通过访谈、查阅资料等方式了解该大学的基本状态,采集相关信息系统中的数据。在对学生投入进行测量与评价时,可能会使用到问卷调查作为采集数据的手段,以便掌握第一手的资料。

3.数据统计分析

基本的数据统计分析方法包括描述性统计分析、方差分析和回归分析。描述性统计分析(descriptive analysis)是统计学中最基础的方法,主要通过一系列的指标来反映数据集中趋势、数据离散程度、数据分布形态等。方差分析(ANOVA,analysis of variance)也是一种典型的统计学方法,是比较实验数据中不同来源的变异对总体变异的贡献大小,从整体上同时比较多组的平均数之间是否存在显著差异。回归分析(regression)是对大量统计数据进行数学处理,并确定因变量与某些自变量的相关关系,建立一个相关性较好的回归方程(函数表达式),并加以外推,用于预测今后的因变量的变化的分析方法。

4.教育数据挖掘

教育数据挖掘方法是本研究进行数据建模的主要方法。本研究按照教育数据挖掘的标准模式,进行问题的识别、数据的采集、预处理、转换、挖掘、算法比较、模型建立等操作。教育数据挖掘的主要技术方法包括预测、聚类、关系挖掘、人类判断过程简化和模型构建等。预测是建立一个能够从整合多个预测变量推断单一被预测变量的模式。聚类是根据数据特性,将一个完整的数据集分成不同的子集。关系挖掘探索数据集中各变量之间的相关关系,并将相关关系作为一条规则进行编码。人类判断过程简化用一种便于人类理解的方式描述数据,以便人们能够快速地判断和区分数据特征,主要以可视化数据分析技术为主用以改善机器学习模型。模型构建是通过对数据集的聚类、相关关系挖掘等过程构建供未来分析的有效现象解释模型。当然,教育数据挖掘的方法也并不仅限于以上列出的几种类型,需要根据问题特征,单个或合并使用多种技术方法来对数据进行分析挖掘,以期达到研究目标。

第一章

高校学生投入的理论与实践研究

第一节　高校学生投入的理论基础与研究模型

一、阿斯廷的 I－E－O 模型与学生投入理论

亚历山大·阿斯廷(ALexander W.Astin)是美国著名教育管理专家,加州大学洛杉矶分校的高等教育学教授,他曾经担任过美国教育委员会(americal council of educaion,ACE)教育研究中心负责人。阿斯廷的主要贡献在于提出了大学影响力分析的 I－E－O 模型和学生投入(student involvement)理论,他的两本著作《关键四年:大学对学生信仰、态度和知识的影响》和《大学里什么最重要:重访关键四年》①被评为二十世纪以来关于美国大学与学院最重要和最有影响的百种著作并排名第二,这两本著作系统分析了大学四年中学生在价值、态度、信仰以及认知技能等方面的变化,并对不同类型学校对学生发展的影响进行比较。

(一)I－E－O 模型

从 1966 年开始,由美国教育委员会和加州大学高等教育研究中心主导,亚历山大·阿斯廷主持的合作院校研究计划(cooperative institutional research program,CIRP)进行了美国有重要影响的新生调查,主要内容是调查二年制、四年制高校新生的人口统计学特征、高中成绩、对大学的期望、对职业的期望和对自我的评价等。启动这项调查的目的是为了收集高校学生发展纵向数据,并将数据用于大学招生、学生指导和教育管理。由于之前面向项目的调查在测量方法、抽样方法、研究方法上都存在差异,每一个项目都有其独特的目标,数据不可以共享,缺乏推广意义。因此,CIRP 新生调查的目的就是使用统一

---

①Astin,Alexander *W.What Matters in College：Four Critical Years Revisited*［M］.San Francisc Jossey－Bass,1997.

的标准来维护一个全国性的高校学生发展纵向数据库,这当中不仅包括学生数据,还包括环境数据(学校数据、教师数据和管理政策)等[1]。亚历山大·阿斯廷提出了 I—E—O(in-put— environment—output model)模型(如图 1-1 所示)来指导 CIRP 调查的数据收集工作。

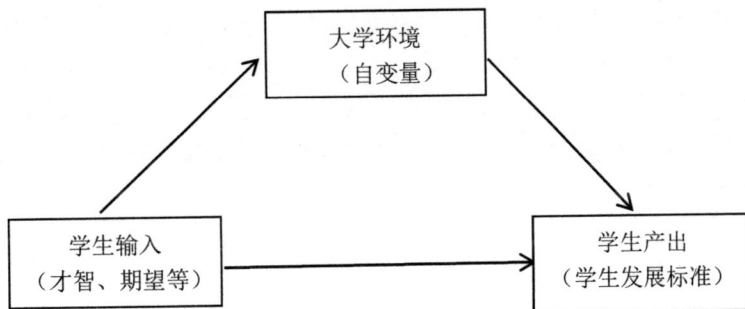

图 1-1 阿斯廷的 I—E—O 模型

在 I—E—O 模型中,"学生输入"是指大学生在入学时的才智、技能、期望以及其他潜在的可能影响学生发展的因素,包括学生的人口统计学特征、家庭的社会经济地位、入学成绩等;"大学环境"是指高校能够影响学生的那些因素,包括管理政策、管理活动、课程、教学活动、环境与设施、同伴关系、师生关系等;"学生产出"则是指学生在受到大学环境影响后所表现出来的特征、知识、技能、态度、价值观、行为的变化,包括 GPA、辍学率、转学率、毕业及学位获得情况、满意度等[2]。CIRP 调查的主要目的是要考虑大学环境对于学生产出的影响,但更要考虑不同的学生输入与不同的大学环境的交互作用。

基于对 1966—1976 年 CIRP 调查数据的研究,亚历山大·阿斯廷于 1977 年出版了《关键四年:大学对学生信仰、态度和知识的影响》(*Four Critical Years:Effects of College on Beliefs,Attitudes and Knowledge*),从态度信仰与自我概念、行为模式、竞争力与成就、职业发展、对大学环境的满意度等五个方面分析学生的变化(Change),并考虑大学环境的各种因素对于这种变化的正向或负向的影响(Impact)[3]。在这本书中,亚历山大·阿斯廷也发现,学生投入变量如参加荣誉学位项目、更加投入学习、参加本科生科研项目、高频率的师生互动、参加学生议会、在学校住宿等与学生的学业产出具有紧密的正相关关系,为后来学生投入理论的提出打下了基础[4]。

①Astin A W,Others A.Implications of a Program of Research on Student Development in Higher Education.[J].*Data Collection*,1967:42.

②Astin,Alexander W.The Methodology of Research on College Impact,Part One[J].*Sociology of Education*,1970,43(3):223—254.

③Astin,Alexander W.*Four Critical Years:Effects of College on Beliefs,Attitudes and Knowledge*[M].San Francisc Jossey—Bass,1977;

④徐波.高校学生投入理论:内涵、特点及应用[J].高等教育研究,2013,34(06):48—54.

（二）学生投入理论

亚历山大·阿斯廷认为，尽管大学环境对于学生发展有重要的作用，但学生最终产出主要还是取决于他们在受大学环境影响时的投入（involvement）水平。学生输入（inputs）只是学生发展的基础，学生投入才是学生发展的动力。因此，亚历山大·阿斯廷在1984年提出了学生投入理论（student involvement theory）。

亚历山大·阿斯廷列举了近20个与投入相关的英语单词（词组）：attach oneself to、commit oneself to、devote oneself to、engage in、go in for、incline toward、join in、partake of、participate in、plunge into、show enthusiasm for、tackle、take a fancy to、take an interest in、take on、take part in、take to、take up、undertake，最终确定将Involvement作为代表投入的最贴切的单词[①]。

亚历山大·阿斯廷提出，学生的时间是一种资源，学生投入就是指学生投入到大学经历（College Experience）中的体力和心力的量。阿斯廷的学生投入理论基于五个基本假设：（1）投入指的是学生投入到各种对象如课程、活动中的体力与心力的总量。这种投入可以是一般化的也可以是具体的。（2）不同的学生基于他们的个人兴趣，对于不同对象的投入程度有所差异，同一学生对不同对象投入程度也不同。（3）投入既有数量也有质量特征。从数量上衡量比如有多少时间用于学习，从质量上衡量比如学生是在真正复习理解还是仅仅在发呆；（4）学生学业表现、个人发展水平与学生投入的数量、质量直接相关。（5）学校教育政策或实践的效果与该政策或实践促进学生投入的程度直接相关。

与传统的学生发展理论如内容主导理论、资源理论相比，亚历山大·阿斯廷的学生投入理论有所不同。亚历山大·阿斯廷的学生投入理论把学生的时间和精力看成一种资源，更多关注学生自身所做的一切，比如学生的动机、学生投入到大学校园中（学业活动、课外活动、师生互动、同学交流等）时间和精力的多少，强调大学的作用是通过环境、政策的设计来引导学生把时间和精力有效的投入到个人发展中，学生学业表现和个人发展水平是学生投入最直接的产出标准[②]。

二、佩斯的努力质量理论

罗伯特·佩斯（Robert Pace）是美国加州大学洛杉矶分校的心理学教授，长期致力于高等教育领域研究，他的专著《大学成果测定：五十年来的发现以及对未来的建议》入选20世纪美国高等教育经典著作百种，该著作综合了1930年至1970年间的研究资料，讨论了学生成就、毕业生态度和经验与学校的关系以及其他的学校成就和成果的测量问题[③]。

佩斯关于学生努力质量的研究，主要是基于受斯宾塞基金会资助的于1978年至

---

① Astin A W. Student Involvenent：A Developmental Theory for Higher Education[J]. Journal of College Student Development，1984，40(5)：518－529.

② 徐波.高校学生投入理论：内涵、特点及应用[J].高等教育研究，2013，34(06)：48－54.

③ C.芬彻，G.凯勒，E.G.博格，J.R.西林，赵炬明.美国高等教育经典著作百种（下）[J].复旦教育论坛，2003(04)：58－63＋79.

1982年实施的关于努力质量与成就之间关系的一系列调查,共有来自40所高校的12 000名大学生参加这些调查,相关研究成果最后汇总为一个于1982年提供给国家卓越教育委员会的研究报告,其最主要的结论是:"高质量"的努力是在大学取得成就的关键。

根据佩斯的定义,学生努力质量是指学生的学习和发展都需要学生投入一定的时间和努力,时间是衡量频率的维度,而努力是衡量质量的维度。某种意义上来说,某些努力可能会比其他努力更加有效。学生的努力是在大学经验中发生的。大学经验是学校提供的时间、条件和设施,旨在促进学生的学习和发展,其一是指行为环境,包括教室、图书馆、实验室、文化设施、学生会、体育和娱乐设施以及宿舍等;其二是一些活动和经验,这些活动和经验不一定与特定的设施有关,但仍然是个人和社会发展的重要机会。显而易见的例子包括与教师的交流、参与俱乐部和社团、写作经验、同伴交往的广度和深度、与自我理解有关的机会以及同伴讨论的主题与水平等[①]。

努力的质量通过"大学生经验问卷"中的14个题项的努力质量子量表来进行测量,包括7个关于大学资源使用和7个关于活动和经验的题项。

表1-1 努力质量的测量维度

大学资源使用	活动和经验
图书馆(library)	课程学习(course learning)
科学实验室(science laboratory)	与教师互动(Contacts With faculty)
文化场馆(art,music,theater)	写作(writing)
体育与娱乐设施(athletic and recreational facilities)	个人经验(personal experiences)
学生会(student union)	讨论主题(conversation topics)
俱乐部与社团(clubs and organizations)	讨论水平(conversation level)
宿舍(campus residence facility)	自我理解(self understanding)

大学生经验问卷同时还采集个人特征、学校环境以及包括四个维度18个具体目标对学生成就的评价:个人和人际理解(personal and interpersonal understanding)、通识教育目标(general education objectives)、知识能力(intellectual competencies)、科学理解力(understanding science),用于反映努力质量对成就的影响[②]。

佩斯对1979年11所院校3 000余名学生的问卷调查数据进行分析,发现努力质量能够解释个人和人际理解15%的变异量、通识教育目标13%的变异量、知识能力10%的变异量、科学理解力13%的变异量,高于个人特征和学校环境对于学生成就的解释力。在另一项对24所院校7 800名学生的研究中,高努力质量组学生在所有18个成就评价目标的得分均高于低努力质量组。

所以,佩斯认为:"一旦学生上了大学,最重要的不是他们是谁或他们在哪里,而是他

---

① 上海师范大学高等教育研究所项目组.大学生学习性投入的理论与实践[M].上海教育出版社,2016:89—91.

② Pace C R.Achievement and the Quality of Student Effort[R].Washington,D.C:Department of Education,1982:13—14.

们做了什么。"①。大学的教育不是给予(give)的,而是学生通过充分利用学校提供的设施和机会获取(get)的②。

三、丁托的学生离校模型

文森特·丁托(Vincent Tinto)是美国哥伦比亚大学教授。1973 年,基于对高等教育领域学生离校(dropout)相关文献的梳理,丁托提出了一个"学生离校模型",用于解释学生离校过程的具体发生机制③。大学生离校模型在丁托的著名专著《离校:对学生流失原因及治理的再思考》(第一版 1987 年,第二版 1993 年)中得到了更加进一步的发展和阐释。

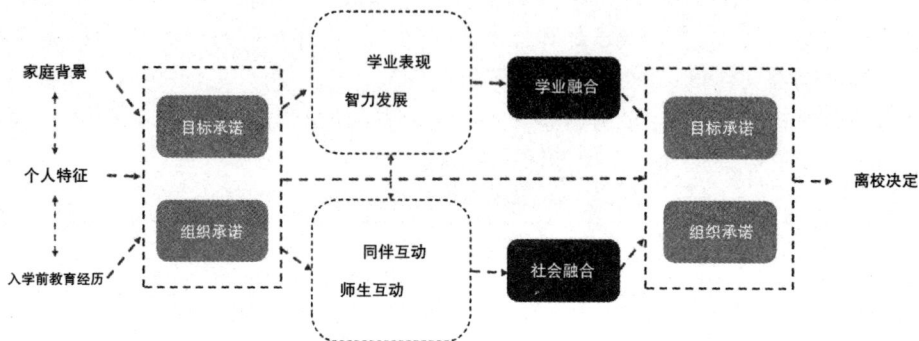

图 1-2　丁托的大学生离校模型

丁托将离校学生定义为永久离开所注册院校的学生。大学生离校模型表明离校一个纵向的过程,它是个人与院校相互作用的结果,并受这两个要素的特性的影响。进入高等教育机构的个体具有各种各样的个人特征(性别、种族、能力)、家庭背景(社会经济状态,价值观、期望)以及入学前的教育经历(GPA,学业和社会成就),这些背景特征和个人特征会影响个体对大学环境的教育期望。入校后,个体与大学中学业系统和社会系统的融合将直接影响其是否能够继续在校④。

在先前的目标和组织承诺的基础上,个人的规范性和结构性的与学业和社会系统的融合,将产生新的承诺水平。在其他条件相同的情况下,个人融入大学系统的程度越高,他对特定组织的承诺和完成大学学业的承诺就越大。低的目标承诺和组织承诺往往意味着学生有可能离校(辍学或转学)。

不同于其他关注学生成就的研究模型,丁托的模型关注学生离校这一结果,将学生的

①Pace C R.Achievement and the Quality of Student Effort[R].Washington,D.C:Department of Education,1982:18.

②Pace C R.Achievement and the Quality of Student Effort[R].Washington,D.C:Department of Education,1982:36.

③Vincent Tinto,Jonh,Cullen.Dropout in Higher Education:A Review and Theoretical SynthesiS of Recent Research[R].Columbia Univ.,New York,1973.

④Tinto V.Dropout in Higher Education:A Review and Theoretical SynthesiS of Recent Research[J].Review of Educational Research,1975,45(1):89—125.

个人特征、家庭背景特征、入学前教育经历、与大学环境的学业融合、社会融合等影响因素综合考虑,并考虑了各种因素之间的相互作用。

四、奇克林的本科七项原则

奇克林等对如何提高美国高等教育质量进行了系统研究,并于 1987 年提出了优秀本科教育的七项原则,包括:良好的师生关系、良好的同伴合作、学习主动性、及时给予反馈、注重任务完成时间、对学生的高期望和对于不同能力和学习方式的尊重。

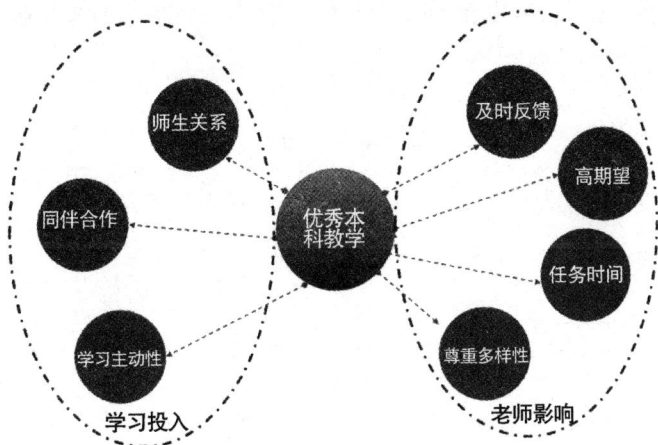

图 1-3   优秀本科教育七项原则

左边框中的三项可以归结为学生投入,右边框中的四项反映了教师的影响作用。学生投入和教师影响则共同构成了提升本科教育质量的核心。

对于学生投入的三项原则,齐克林认为,构建良好的师生关系主要通过学生与教师之间的互动,师生在课堂内外的频繁接触是影响学生学习动机和投入的最重要因素,教师的关心能够帮助学生渡过难关,对教师的了解可以增强学生的智力投入,鼓励他们思考自己的价值观和未来计划。良好的同伴合作是促进学生学习投入的重要手段。当学习更像是团队的努力而不是个人的比赛时,学习就会得到加强。好的学习,就像好的工作一样,是协作和社交的,而不是竞争和孤立的。与他人合作通常会增加学习的投入度。分享自己的想法,回应他人的反应,可以提高思考能力并加深理解。学习主动性也是学生投入的关键要素。学习不是一项旁观者的运动。学生仅仅坐在教室里听老师讲课,背预先打包好的作业,吐出答案,学的东西不多。他们必须谈论他们正在学习的东西,把它写下来,把它和过去的经历联系起来,把它应用到他们的日常生活中。他们必须把学到的东西变成自己的一部分[1]。

---

①Chickering A W ,Gamson Z F.Seven Principles for Good Practice in Undergraduate Education[J]. Biochemistry and Molecular Biology Education,1989,17(3):140−141.

五、帕斯卡雷拉的学生变化因果模型

帕斯卡雷拉(Ernest T.Pascarella)目前担任美国爱荷华大学教育政策与领导学院院长,他的著作包括《大学如何影响学生》(how college affects students)等。1985 年,在前期相关研究的基础上,帕斯卡雷拉提出学生变化因果模型(general causal model),认为学生的学习和认知发展主要受到五个方面因素的影响,包括:院校特征(规模,选择性,在校生数,类型等)、学生背景和入学前特征(高中学业成就、期望、父母教育水平等)、院校环境、社会化交往(师生互动、生生互动)、学生努力程度,通过该模型来全面探讨影响学生变化的影响因素及其相关效应[1][2]。

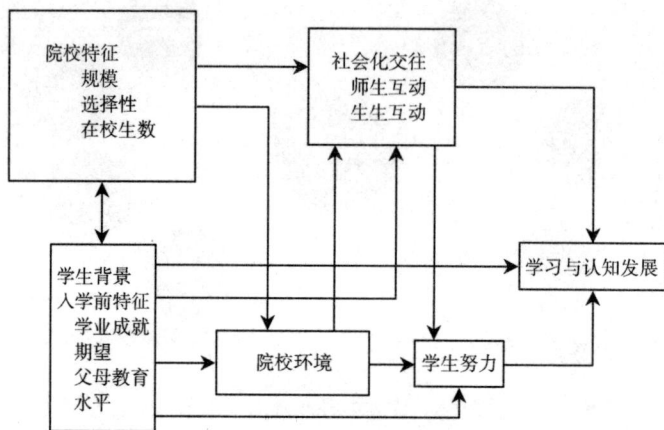

图 1-4　学生变化因果模型

院校特征五方面因素对于学生学习认知和发展存在着直接或间接的影响,比如,院校特征对于学生学习与认知发展是通过院校环境等间接地影响,而学生个人背景与入学前特征、社会化交往、学生努力程度等对于学生学习与认知发展产生直接影响[3][4]。

帕斯卡雷拉的学生变化因果模型不仅考虑了学生的个人特征、入学前特征等个体先赋性因素对于学生发展的影响,还考虑了社会性交往、学生努力程度等个体教育性因素的影响,也重视院校特征、院校环境等组织性因素的作用,可以为学生投入的影响因素研究提供重要参考。

---

①Ernest T.Pascarella.College Environmental Influences on Students' Educational Aspirations[J].The Journal of Higher Education,1984,55(6),751 - 771.

②Ernest T.Pascarella. College Environmental influences on learning and cognitive development:a critical review and synthesis[M]// Smart J.Higher Education:Handbook of theory and research(Vol 1). New York:Agathon,1985:1—62.

③张劲英.中国研究性大学本科新生学业成就之影响因素分析[M].杭州:浙江大学出版社,2017:33—34.

④靳敏.工科专业本科生学习性投入研究[M].武汉:华中科技大学出版社,2020:57—58.

六、乔治·库的学生投入理论与大学生成功要素模型

乔治·库(George D.Kuh)是美国印第安纳大学高等教育学讲席教授和高等教育研究中心的负责人,该中心负责全美大学生投入调查(national survey of student engagement,NSEE)项目。在印第安纳大学工作的30余年中,他担任过教育领导与政策系主任、教育学院学术事务副院长、布卢明顿校区学院副院长等职务。乔治·库的主要研究领域是大学生成功,相关研究包括20余本专著和数百篇学术论文,主要有《大学生成功:创造条件》(*Student Success in College:Creating Conditions That Matter*,2005)、《学生在课堂外的学习:超越人工边界》(*Student Learning Outside the Classroom:Transcending Artificial Boundaries*,1994)等。

(一)学生投入理论

乔治·库(George D.Kuh)进一步完善了学生投入理论,把学生投入从 Student Involvement 变为 student engagement,体现了从被动卷入到主动参与的变化。学生投入代表了高校质量的两个重要特征,一是学生投入到学习和其他有效教育活动的时间和努力,二是高校开发资源、组织课程和创造其他学习机会使得学生投入的努力,其基本假设是学生的高参与度与高校的教育实践及其所创造的条件紧密相关,强化学生投入,可以提升学生在知识、技能和情感方面的发展[1]。

(二)大学生成功要素模型

基于学生投入理论,乔治·库提出了大学生成功要素模型(如图1-5所示)。

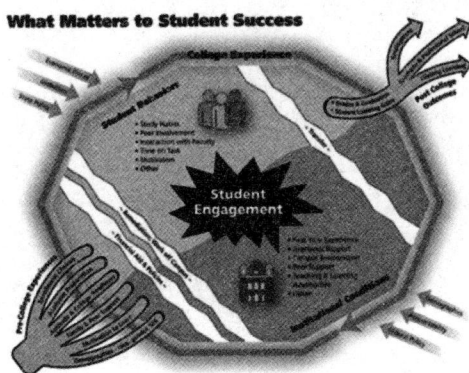

图 1-5　乔治·库的大学生成功要素模型

大学生成功要素模型的左侧是大学生入学前经历,包括高中阶段学业准备情况、家庭背景、入学选择、经费资助和辅助政策等;中间部分是大学经历,包括两个部分:学生行为

---

[1]Kuh G D.The National Survey of Student Engagement:Conceptual Framework and Overview of Psychometric Properties[J].Bloomington,2001.

和大学环境,学生行为包括学生在学习上的时间和努力、师生互动、同辈参与、动机等,大学环境包括第一年的经验、教学和学习方法、学业支持、同辈支持等;右侧是毕业后产出,包括成绩、学习获得、毕业、就业、升学、终身学习等。乔治·库认为学生行为与大学环境的交集部分体现为学生投入,是大学能够有效影响学生的区域[1]。

七、卡胡的学生投入全过程整合模型

卡胡(Ella R.Kahu)是新西兰梅西大学教育学教授,她长期从事大学生成功、学生投入等领域。按照卡乌(Ella R.Kahu)的分类,大学生学习投入研究至少存在四种观点:一是行为观(behavioral perspective),即 NSSE 以及类似大规模调查研究所遵循的观点;二是心理观(psychological perspective),主张把学生投入视为一个包含行为、情感与认知侧面在内的多维心理结构;三是社会文化观(Socio－Cultural Perspective),关注更广泛的社会文化情境对界定和测量学生投入产生的影响;四是尝试将这些观点加以整合的整体观(Holistic Perspective)[2]。卡胡认为,单从行为观出发研究大学生学习投入是不够了,因为它排除了某些对解释学生投入行为来说十分重要的心理因素(如学生的动机、期望和情绪等),忽略了学生内部状态与外显行为可能存在的矛盾状态,也没有考虑在不同社会文化情境中诠释"学生学习投入"时产生的明显差异[3]。

卡胡提出了一个基于整体观的学生投入研究模型,如图 1-6。

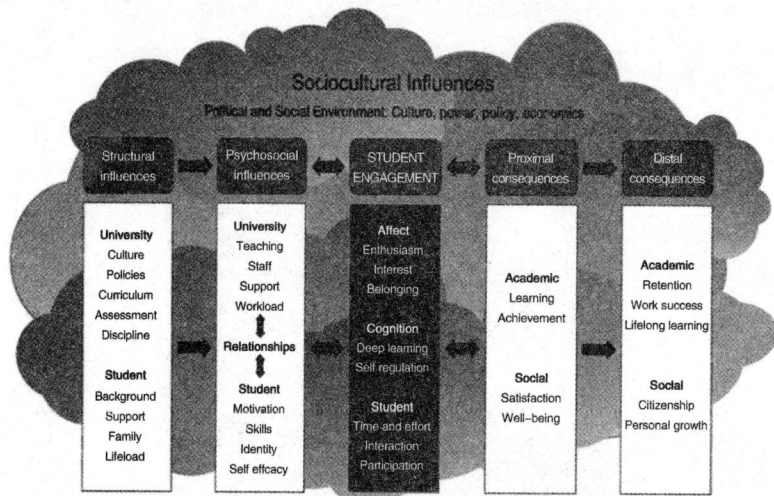

图 1-6　卡胡的学生投入全过程整合模型

①Kuh G D. What Matters to Student Success: A Review of the Literature[C]//Commissioned Report for the National Symposium on Postsecondary Student Success: Spearheading a Dialog on Student Success,2006:8.

②Kahu,E.R.(2013).Framing student engagement in higher education.Studies in Higher Education,38(5),758－773

③尹弘飚.行为观、心理观与社会文化观:大学生学习投入研究的视域转移——兼论中国高校教学质量改进[J].华东师范大学学报(教育科学版),2020,38(11):1－20.

卡胡的学生投入全过程整合模型中包括六个要素:社会文化影响、结构性影响、心理影响、学生投入、近程结果和远程结果。该模型中,学生投入处于中心位置,通过情感、认知、行为三个维度来测量。结构性影响主要指大学文化、课程、评价以及学生的背景、家庭等要素,心理影响指大学的教学、教师、师生关系、学生的动机、自我效能等因素。近程结果指学业成绩、成就、满意度以及综合素质,远程结果指学业保持、职业成功、终身教育、公民身份认知、自我发展意识等。整个学生投入的影响过程还要置于宏观的社会文化的大背景下考虑,包括政治与社会环境(文化、政策、经济等)。卡胡的学生投入全过程整合模型考虑了更多的影响要素,提供了一种更加宏观和全面的研究框架[①]。

第二节　国外高校学生投入的实践研究

一、美国的全美大学生投入调查(NSSE)

全美大学生投入调查(national survey of student sengagement,以下简称 NSSE)是一项由印第安纳大学高等教育研究与规划中心乔治库教授发起并组织实施的在全美范围内调查四年制本科学生对有效学习活动投入程度的年度研究。自 2000 年启动以来,NSSE 调查已经吸引了累积 1 600 所高校 600 多万学生参加,是目前世界上最有影响的大学生投入调查[②]。图 1-7 和 1-8 分别列出了 2000—2020 年参加 NSSE 调查的美国高校数和美国大学生数。

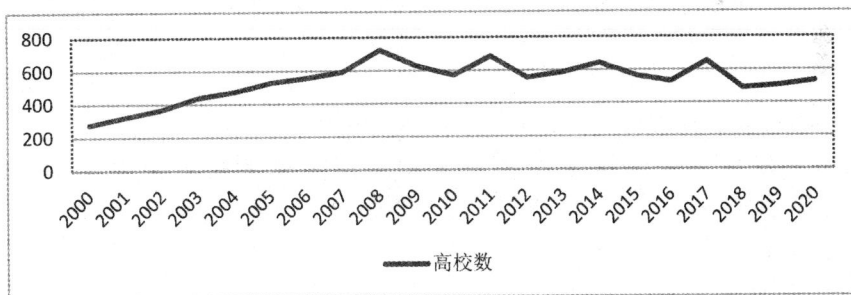

图 1-7　2000—2020 年参加 NSSE 调查的美国高校数

①靳敏.工科专业本科生学习性投入研究[M].武汉:华中科技大学出版社,2020:61—62.
②王世嫘,陈英敏.2000—2016 年"全美大学生学习性投入调查"年度报告解析及其启示[J].外国教育研究,2018,45(06):41—54.

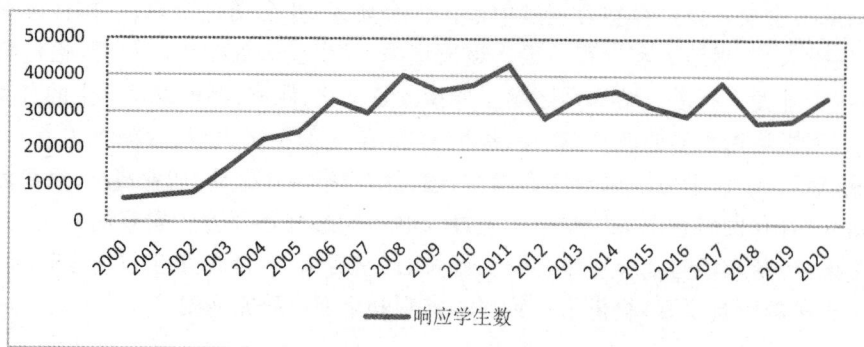

图 1-8　2000－2020 年响应 NSSE 调查的美国大学生数

经过统计,2000－2020 年,平均每年参加 NSSE 调查的美国高校有 534 所,响应调查问卷的学生数有 28.1 万,平均响应率为 34.8%(最高 43%,最低 28%)①。

NSSE 扩展了 CIRP 新生调查和 CSEQ(大学生就读经历)调查,更关注于与学生学习和个人发展相关的教育活动。2012 年之前,NSSE 调查问卷中将有效教学实践从五个方面来进行评价:(1)学业挑战度(level of academic challenge,LAC);(2) 主动与合作学习(active and collaborative learning,ACL)(3)师生互动(student faculty interaction,SFI);(4)丰富的学习体验(enriching educational experience,EEE);(5)校园环境支持度(supportive campus environment,SCE)。为准确衡量以上五项指标,NSSE 开发了一套完整的测量工具——"大学生报告"(College Student Report),被试学生以自我报告的形式对大学经历进行反思。"大学生报告"由以下四个部分组成(1)学生行为,学生在有效教育活动中投入的时间和精力;(2)学校的行动和要求,学校在支持学生学习上的力度;(3)学生对学习经历和对大学的看法,学生对学习结果的评价以及对大学的满意度;(4)学生的基本信息。学生的家庭背景及个人特征。

2013 年 NSSE 团队对指标体系做了大幅修改,把原来的五组"有效教育实 践基准"修订为四大主题下的十个"学习性投入指标",第一个主题是学业挑战度(academic challenge),包括高阶学习(higher－order learning)、反思及整合性学习(reflective and integrative eearning)、学习策略(learning strategies)和定量推理(quantitative reasoning);第二个主题是学习互动(learning with peers),包括合作学习(collaborative learning)和多元化交流(discussions with diverse others);第三个主题是与教师的经验(experiences with faculty),包括生师互动(student－faculty interaction)、有效的教学实践(effective teaching practices);第四个主题为校园环境(campus environment),包括互动质量(quality of interactions)、环境支持度(supportive environment)。另外还增加了高影响力教育实践(high－impact practice)主题,包括服务学习(service－learning)、学习共同体(learning community)、参与教师科研(research with faculty)、实地见习(internship or

①数据来源于 NSSE 官方网站 https://scholarworks.iu.edu/dspace/handle/2022/25756 并经过整理。

field experience)、出国学习交流(study abroad)、高级别体验(culminating senior experience)①②。

实施 20 年来,NSSE 在促进院校发展、绩效问责以及高等教育的信息公开等方面得到了较好的应用。院校可以使用 NSSE 调查的数据来提升内部教育质量,也主动回应外部的质量问责③。NSSE 调查的模式被扩展到了澳大利亚、加拿大、中国、爱尔兰等国家,在日本、韩国、墨西哥和其他国家进行小范围调整后也得到了应用。

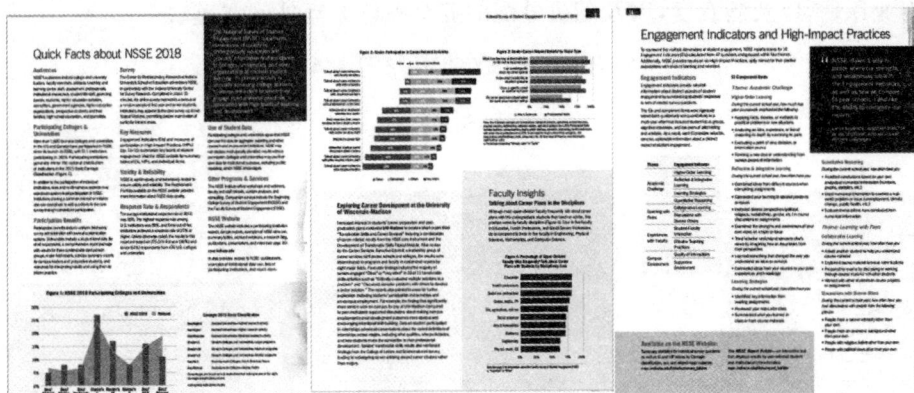

图 1-9　NSSE2018 年度报告部分页面

二、美国的研究性大学本科生就读经历调查(SERU)

1999 年,加州大学系统高等教育研究中心(CSHE)的高级研究员约翰·奥布里·道格拉斯和社会学教授理查德·弗莱克斯首次探讨了在加州大学系统内开展一项调查加州大学本科生的学术和公民参与的想法。随后这发展成为加州大学本科生就读经验调查(university of california undergraduate experience survey,以下简称 UCUES)。2002 年,首次在加州大学圣巴巴拉分校进行 UCUES 在线调查。之后 UCUES 面向所有加州大学本科生的在线调查,是针对研究型大学学生经验的极少数调查之一。2008 年,SERU 项目扩大了管理调查的高校数量,形成了一个由大型研究型大学组成的联盟,除了九个本科加州大学校区外,还包括几个 AAU(美国大学协会)机构。尽管在加州大学系统中仍被称为 UCUES,但在加州大学系统之外被称为研究性大学本科生就读经历调查(student experience in the research university,以下简称 SERU)调查④。目前,SERU 联盟包括北

①High－Impact Practices. https://nsse. indiana. edu/nsse/survey－instruments/high－impact－practices.html
②龙琪.剖析美国《全国大学生学习性投入调查》及其变化[J].高教发展与评估,2016,32(01):54－65＋120.
③靳敏,胡寿平.从数据到院校改进:全美大学生学习性投入调查的应用评析[J].比较教育研究,2015,37(08):39－46.
④SERU History.https://cshe.berkeley.edu/seru/about－seru/seru－history

美的 20 所研究型大学和来自中国、英国、荷兰、日本、新西兰、新加坡等国家的近 20 所研究型大学构成。联盟成员通过 SERU 对在线和普查学生的调查、院校数据的其他来源、分析、最佳实践分享以及政策相关研究和报告的合作,关注顶级研究型大学的本科生体验①。

　　SERU 本科生调查设计为普查和在线调查,采用模块化设计,以包括更多的项目,并减少个人的反应时间。它有一套核心问题管理给每个受访者,例如,时间使用的问题,学生的专业评估,以及满意度,以及随机分配的五个独特的额外问题模块②。

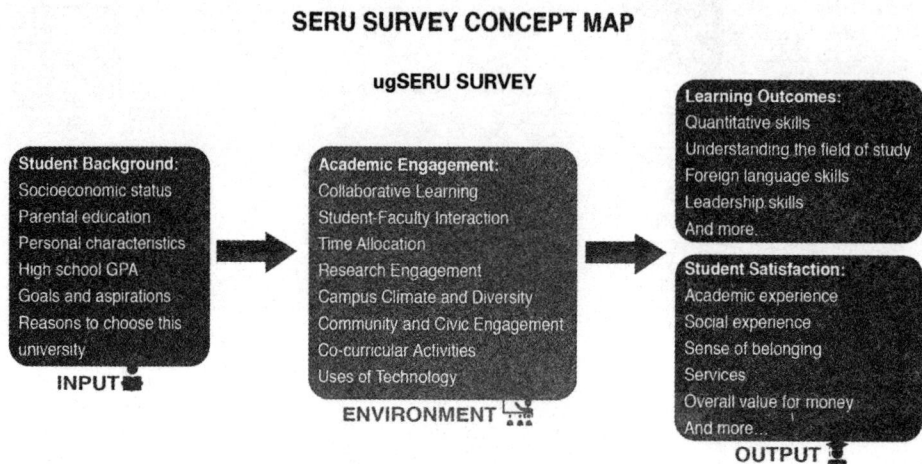

图 1-10　SERU(本科生)概念框架图

　　如图 1-10 所示,SERU 本科生调查中收集输入(学生背景数据,包括社会经济状态、父母教育述评、个人特征,高中 GPA、入校原因、目标和期望等)、环境(学业投入,包括协作学习、师生互动、时间分配、社区与公民投入、技术使用等)、输出(学习结果,包括量化能力、外语能力、领导力等;满意度:学业经验、社会经验、归属感等)三个维度的有关学生在校期间就读经验的详细数据。

　　SERU 调查为学校管理者与政策制定者提供了一个有效管理、提高教学质量的工具,主要体现在三个方面:一是充分了解学生信息。通过调查,可以全面地了解学生的家庭状况、学术能力、文化背景以及自我认同等。二是解析学生就读经验。根据收集的数据查看学生学习成果增量并进行深入分析,探寻学术研究、学校管理者管理方式对学生学业能力、学习期望以及学习满意度水平的影响。三是将调查结果应用到政策制定中。分析和使用数据能帮助学校管理者、政策制定者了解学生的需要,了解学校培养本科生过程中的优势与不足,从而在后续的管理与政策制定中树立明确的目标导向,同时也有助于进行相关的政策研究③。

---

①SERU Consortium Members.https://cshe.berkeley.edu/seru/seru—consortium—members
②ugSERU Survey Design.https://cshe.berkeley.edu/seru/about—seru/ugseru—survey—design
③屈廖健,陈允龙.美国研究型大学学生就读经验调查项目探析[J].高教探索,2012(02):61—65.

三、美国的大学生就读经历调查(CSEQ)

大学生就读经历调查(college student experiences questionnaire,以下简称 CSEQ)是由罗伯特·佩斯(Robert Pace)编制并于 1979 年起开始实施的一项大规模问卷调查,旨在测量本科生在利用学校为其提供的教育资源和学习与发展机会方面所投入的努力的质量。1998 年起 CSEQ 问卷更新为第四版本。在连续 35 年运行后,CSEQ 于 2014 年终止,但院校和独立研究人员可以申请 CSEQ 的许可,进行本地的评估或用于研究目的[①]。

CSEQ 采集包括学生背景信息,大学活动、阅读与写作、满意度、大学环境、预估收获及院校自定义附加问题等几个部分的信息。CSEQ 提供纸质和在线两种填写形式,学生一般可以在 20~30 分钟内完成调查。

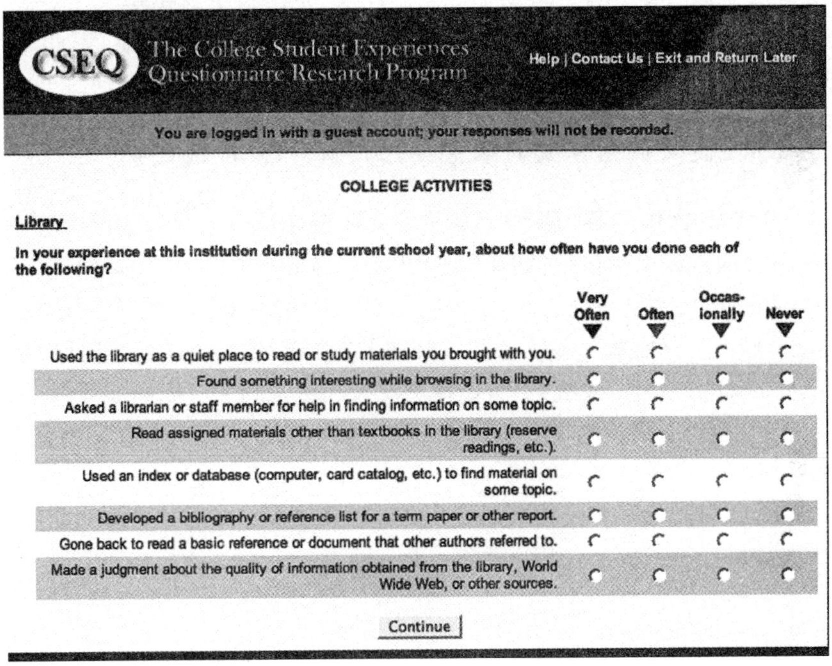

图 1-11 CESQ——大学活动量表界面之一

CSEQ 采集的学生背景信息一般包括人口统计学特征、成绩、入学状态、工作时间等。大学活动则代表学生对于教育资源和学习发展机会的努力的质量,包括以下活动:学生的学术课程(课程、写作、图书馆使用、科学和技术)、课堂外的交往机会(与教师、管理人员和其他学生的互动)、个人发展的努力(俱乐部和组织、参加艺术展览和表演以及独立阅读),共使用 13 个大学活动量表来测量,每个量表有若干问题(如图 1-11 所示),学生从"1-从不,2-偶尔,3-经常,4-非常经常"四个选项中选择,每个量表所有回答的平均值代表学

---

①CSEQ and CSXQ Survey Operations Closed in 2014; Consider NSSE and BCSSE.http://cseq.indiana.edu/

生在此项活动中的努力质量。除了 13 个大学活动量表外,CSEQ 还测量了关于学生阅读与写作的频次,包括指定书籍阅读、课程阅读、非指定书籍阅读,论文考核和学期论文写作的数量①。

在支持性的校园环境中,学生付出更大的努力,可以最大限度地提高个人在大学的学习和发展。CSEQ 测量了 10 个大学环境特征,包括环境重要性(指环境对学术、智力和实践活动的重视程度,共 7 项)和关系质量(与学生、教师和管理人员的关系,共 3 项)两个维度②。CSEQ 还通过 25 个题项测量了学生五个方面的预估收获:通识教育(了解文学、历史、世界等)、个人发展(在与他人相处、团队合作、了解自我等方面的收获)、科学技术(在理解新技术、理解科学、分析定量问题等方面的收获)、智力技能(综合思想、分析思维、有效写作等能力的提高)和实践和职业能力(在职业准备、专业技能等方面的收获)③。

CSEQ 在美国数百所高校中得到了广泛的应用,包括授予博士硕士学位的研究型大学,仅授予学士学位的一般大学和文理学院以及专业学院。CSEQ 的实践也为 NSSE 等调查提供了重要参考。

四、加拿大、澳大利亚等国的学生投入调查(NSSE 范式)

在 2000 年美国推出 NSSE 后不久,许多加拿大院校研究人员开始讨论似乎是一个很有希望的新机会通过以下指标来"衡量"对学生学习体验的影响:师生互动(而不是班级规模),整合课堂研究(而不是研究总收入)和院校对学生学术和社会需求的支持(而不是服务支出)。2004 年,8 所加拿大 G10 成员大学加入 NSSE 委员会并首次进行 NSSE 调查,同时完成了 NSSE 问卷的法文版翻译,使得加拿大法语区的大学能够参加 NSSE 调查。

表 1-2　加拿大 2007－2020 年参加 NSSE 调查院校及学生数④

年份	参与院校数	响应学生数	年份	参与院校数	响应学生数
2007	17	14091	2014	73	114511
2008	47	78288	2015	20	10816
2009	14	8965	2016	27	13831
2010	23	19148	2017	72	130291
2011	68	109532	2018	16	7998
2012	23	35723	2019	19	9091
2013	27	20795	2020	65	134288

加拿大的院校研究人员应用 NSSE 数据回应了以下几个问题:加拿大和美国大学之间以及加拿大院校之间 NSSE 基准的差异? 特定项目和学科之间以及学生分组之间的投入差异? NSSE 及其相关调查是否可用于衡量旨在提高学习成果的干预措施的影响? 如

---

① College Activities. http://cseq.indiana.edu/cseq_collegeactivities.cfm
② College Environment. http://cseq.indiana.edu/cseq_collegeenviron.cfm
③ Estimate of Gains. http://cseq.indiana.edu/cseq_estimateofgains.cfm
④ 数据来源为 NSSE Annual Report

何利用 NSSE 及其相关调查促进整个学院的学术规划[①]？

澳大利亚于 2007 年初制定了 NSSE 的澳州版本 AUSSE(australasian survey of student engagement)的实施方案和管理程序,并于当年晚些时候在 25 所澳大利亚和新西兰大学进行了试点收集。AUSSE 的学生投入调查主要通过本科生学习投入问卷(SEQ)来进行,主要基于 NSSE 的大学生报告。尽管 SEQ 测量了许多与 NSSE 的相同的投入维度,并且包括五个与 NSSE 相同的投入量表——学术挑战、积极学习、学生和员工互动、丰富的教育经验和支持性学习环境,SEQ 还提供了另一个投入量表——学习与就业融合的数据。此外,SEQ 还提供了七种学习成果衡量指标:高阶思维、一般学习成果、一般发展成果、职业准备、平均总成绩、离校意向和总体满意度[②]。

除了本科生版学习投入问卷(SEQ)外,AUSSE 还包括研究生版学习投入问卷(POSSE)和教职人员版学习投入问卷(SSES),POSSE 与 SEQ 问卷内容相同;SSES 则主要调查教师的个人信息与教学信息,并从教师视角评价大学生学习投入的程度与学习成果的质量[③]。

在 2007 年之前,新西兰的每一所大学都有自己的学生内部调查方案,所有 8 所大学都参加了一项由国家大学赞助的毕业生就业和进一步学习目标调查。2006 年召开了一次关于"衡量和加强参与学习"的全国研讨会,激发了人们对评估和理解新西兰大学学生投入的有组织方法的兴趣。2007 年,AUSSE 首次在新西兰的一所大学内进行。到 2011 年,所有新西兰大学至少进行过一次 AUSSE。

新西兰使用的调查问卷与澳大利亚的调查问卷相似,经过一些调整,以进一步完善新西兰种族背景等变量的回答选项。采用随机抽样方法挑选参与者,一些大学对主要学生分组(如毛利人和国际学生)进行了过度抽样,以确保有足够的答复人数。大多数学生可以选择在线或纸质方式完成调查。新西兰尚未制定国家级别的学生投入调查推广战略。各大学通常采用与内部调查类似的推广和跟踪技术(邀请信、电子邮件、短信、面对面宣传、动员学生协会和奖励等)[④]。

南非自由州大学于 2006 年开始引入 NSSE,并修改为 SASSE(south african survey of student engagement),翻译为南非荷兰语,进行实地测试与心理测量信度与效度检验。2009 年在 7 所高校进行了 SASSE 的国家试点调查,2010 年进行了第二次国家试点调查(也在七所高校,其中三所参加了 2009 年的试点)。2009 年,该调查仅由纸笔方式进行,而在 2010 年,各院校可选择通过纸笔或在线进行调查。此外,"教师的学生投入调查"(LSSE)以 FSSE 为基础,于 2010 年首次在南非试点;大学新生投入调查(BUSSE)和学生

---

①Norrie K ,Conway C.A Canadian Perspective on Student Engagement[M].Springer Singapore, 2014.

②Radloff A ,Coates H.Engaging University Students in Australia[M].Springer Singapore,2014.

③朱莲花,张聪,杨连生.澳大利亚高校学习投入调查实施与启示[J].现代教育管理,2019(04):111 —115.

④Tippin D.The New Zealand Experience[M].Springer Singapore,2014.

投入课堂调查(CLASSE)也被引入南非高校①。

五、英国的国家学生调查(NSS)

与 NSSE、AUSSE 等学生投入调查的主流范式不同,英国采取了一种基于集体和消费主义的视角、关注学生的声音以及他们对课程和教学资源开发或院校管理参与的学生满意度调查——全国大学生调查(national student survey,以下简称 NSS)。

NSS 于 2005 年启动,是英国首个带有官方色彩的、在全国范围推行的大学生学习调查。作为一种以学生为主体的注重学生学习经历与体验的质量评价工具,NSS 是英国高等教育质量保障体系的重要组成部分,旨在通过系统收集应届本科毕业生对其学习体验评价的相关数据,为大学入学申请和高校内部质量改进提供必要的信息帮助。NSS 的质量评价内容包括课程教学、评价与反馈、学业支持、组织与管理、学习资源、个人发展和总体满意度 7 个方面,涵盖 22 个具体调查问题,最终形成全国 NSS 数据库和各院校的 NSS 数据库②。

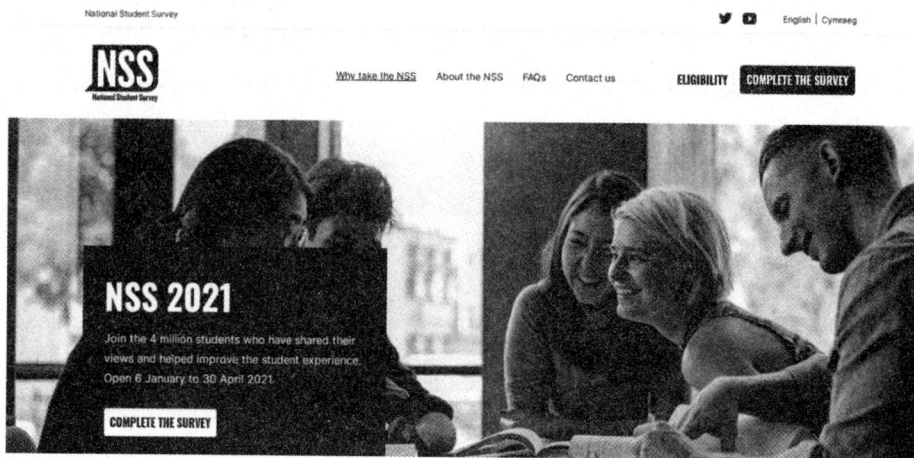

图 1-12　英国 NSS 网站(https://www.thestudentsurvey.com/)

NSS 直接关注学生的体验,正如 NSS 网站首页所说:"NSS 让你有机会说出你对大学课程的看法。它允许你说出你喜欢的和你认为可以改进的东西。你的反馈将被用来帮助那些考虑接受高等教育的人决定去哪里和学什么。您所在的大学/学院也将使用此信息对学生体验进行真正的更改。对你的大学或学院的回复将保持匿名。③"

自启动以来,累计有 407 所高校的 400 万学生参与了 NSS 调查。2020 年的 NSS 调

①Strydom J F , Mentx M M.Student Engagemen in South Africa：A Key to Success, Quality and Development[M].Springer Singapore,2014.

②邵宏润、迟景明.基于学生体验的英国高等教育质量评价——"全国大学生调查"的形成、体系与问题解析[J].外国教育研究,2016,43(10):101－117.

③https://www.thestudentsurvey.com/

查自 1 月 6 日至 4 月 30 日为期 4 个月,共有 396 所院校、31 万余名学生参与其中,调查问卷的回复率为 69%,83% 的学生对今年的课程总体表示满意,75% 的全日制学生认为学校有效地传达课程或教学的变化,67% 的全日制学生认为课程组织和模式合理且运行顺利,62% 的全日制学生认可学校有及时听取他们的意见,并做出合理反馈及行动①。

也有一些对于 NSS 的批评,认为 NSS 是一种"无用的调查",主要基于以下原因:容易被操控、建立在荒谬心理学上的伪科学、缺乏效度、调查过于宽泛、太注重 NSS 分数在大学排名中的作用②。

第三节　国内高校学生投入的实践研究

一、清华大学的中国大学生学习与发展调查

清华大学史静寰教授团队于 2007 年引进 NSSE 并形成 NSSE－CHINA,2009 年进行首次全国调查,2011 年更名为中国大学生学习与发展追踪研究(china college student survey,CCSS),包括"中国大学生学习性投入调查(NSSE－CHINA)"和"中国高校毕业生追踪调查"等基本模块,现已有 300 多所高校近 60 万学生参与,是我国目前最大规模的大学生学情调查之一③。

经过汉化后的 CCSS 工具保持了原版工具的信度特征,在某些指标上还有一定幅度的提高,五项教育过程指标(学业挑战度、主动合作学习、生师互动、教育经验丰富度、校园环境支持度)的结构与 NSSE 相一致。教育过程指标与教育环节指标(课程教育认知目标、课程要求严格程度、学生课程学习行为、课程外拓展性学习行为等)、反映学生学习态度的"厌学/向学"指标、表现教育结果的"教育收获"(知识、能力和价值观收获三个维度)及"在校满意度"指标以及学生背景数据共同构成 CCSS 问卷的主要内容。CCSS 调查一般在每年 5 月进行,院校自主参与,通过分层随机抽样产生学生样本并要求学生作答问卷。CCSS 调查包括网络和纸质两种方式④。问卷数据采集完成后,通过数据清洗与分析,形成常模,并提供给各参与高校。

CCSS 调查自实施以来,数百所高校积极参与,积累了大量的大学生学情数据,已发表近百篇学术论文及研究报告,主要包括以下几个方面:一是学情分析报告,比较有代表性的是《清华大学本科教育学情调查报告》⑤;二是不同类型高校学情情况的比较,比如与

①2020 年英国大学学生满意度调查出炉.https://www.sohu.com/a/408019915_101368.
②栾明香.英国大学生满意度调查——无用的调查[J].世界教育信息,2008(09):36－37.
③史静寰,王文.以学为本,提高质量,内涵发展:中国大学生学情研究的学术涵义与政策价值[J].华东师范大学学报(教育科学版),2018,36(04):18－27＋162.
④https://ccss.applysquare.com/user/login
⑤史静寰,文雯.清华大学本科教育学情调查报告 2010[J].清华大学教育研究,2012,33(01):4－16.

国外大学的比较,中国不同类型大学之间的比较等①;三是各种专题性的研究,比如对大四现象的研究②、特殊群体的学生研究③,学习投入的更深度研究等④。史静寰(2016)认为,通过 CCSS 等学情调查所采集的有关学生、学习、学校的丰富信息,揭示了影响学生、学习、学校的复杂因素,蕴含着改进高校教育教学、完善高校质量治理体系的重要作用⑤。

二、北京大学的首都高校教学质量与学生发展调查

北京大学从 2006 年起启动了"首都高等教育质量与学生发展监测"项目,进行首都高校教学质量与学生发展调查,目的是构建客观真实的高校学生数据库,把握高等教育现状与趋势变化以及人才培养状况,为教育、劳动、经济等相关政策提供以证据为基础的建议和参考依据。

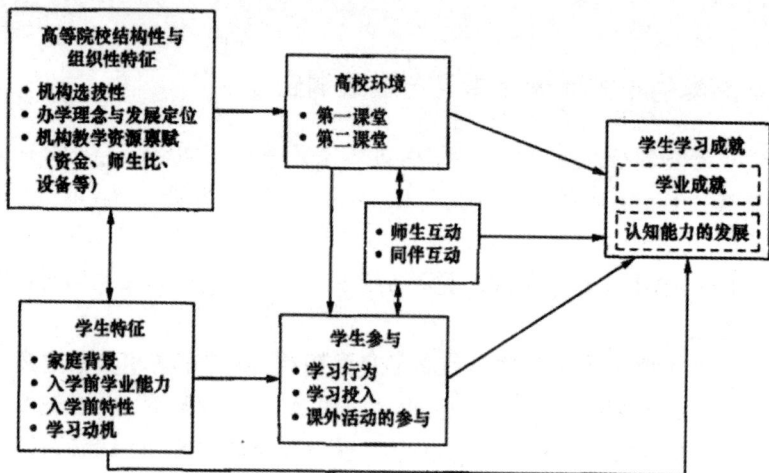

图 1-13　首都高校教学质量与学生发展调查理论框架

该调查"大学生发展"和"大学影响力"为理论基础,借鉴了阿斯廷的学生投入理论、佩斯的努力质量理论、帕斯卡雷拉的学生变化英国模型、乔治库的学生投入理论等构建了理论模型,参考了 NSSE 等调查的问卷与模式。问卷采集学生特征(背景资料,入学前特征,大学学习动机)、高校环境(第一、第二课堂)、师生互动、同伴互动、学习投入、学业成就、高校特征等信息。

①罗燕,史静寰,涂冬波.清华大学本科教育学情调查报告 2009——与美国顶尖研究型大学的比较[J].清华大学教育研究,2009,30(05):1－13

②文雯,史静寰,周子矜.大四现象:一种学习方式的转型——清华大学本科教育学情调查报告 2013[J].清华大学教育研究,2014,35(03):45－54＋80.

③黄雨恒,史静寰.教育、出身与政策:少数民族大学生入学机会的分配机制研究[J].华东师范大学学报(教育科学版),2018,36(04):62－70＋163－164.

④田甜,张玲华.基于 CCSS2016 问卷的大学生学习投入结构再研究[J].黑龙江高教研究,2018,36(06):119－125.

⑤史静寰.走向质量治理:中国大学生学情调查的现状与发展[J].中国高教研究,2016,(02):37－41.

2006 年首轮调查有 6 所学校的 5 958 名学生参与,2007 年有 24 所高校的 16 768 名学生参与,到 2010 年已经有 80 所首都高校的 36 502 名学生参与。基于该调查的数据分析,形成年度"首都高等教育与学生发展状况报告"以及样本高校案例报告,并有数十篇与之相关研究论文与学位论文成果[1]。

鲍威(2010)基于 2006 年起三轮首都高校教学质量与学生发展调查数据的研究表明:进入普及化阶段,高校学生的家庭经济背景、学习投入以及学习行为出现多元化和异质化趋势,而高校的人才培养模式的"未完成"转型,学生学业成就受学生学习投入程度的直接影响[2]。基于 2011 年的调查数据,鲍威(2012)等对学生学业参与行为进行了研究,认为学生学业参与行为具有动态、多层次多维度的结构特征,将参与行为划分为规则性参与、过程性参与、自主性参与三种类型,不同的教学模式和支持环境能够促进不同类型的参与,并间接影响学业成绩[3]。

三、厦门大学的国家大学生学习情况调查

国家大学生学习情况调查(National College Student Survey,NCSS)是厦门大学史秋衡教授主持完成了国家社科基金重点课题"大学生学习情况调查研究"的主要研究成果。2011 年进行了首轮国家大学生学习情况调查,每年调查一次,参与高校超过百所,至 2015 年已建成了包含 40 多万样本量及每个样本信息项目 500 余项的国家大学生学习情况调查研究数据库。

国家大学生学习情况调查包括十多个自主编制的经过严格的信度和效度检验的问卷调查工具,主要包括《大学生学习观调查问卷》《大学生学习环境感知调查问卷》《大学生学习动机调查问卷》《大学生学习策略调查问卷》《大学生学习方式调查问卷》《大学生学习收获调查问卷》《大学生学习满意度调查问卷》等,通过这些问卷调查来获取大学生学习情况的相关数据,然后使用统计分析方法来展示我国大学生学习观、学习环境感知、学习动机、学习策略、学习方式、学习收获和学习满意度的现状和基本特征,探究学生个体、家庭背景和高校特征对大学生学习情况影响。问卷调查主要采用网络调查的方式[4],由参与调查的协作高校组织各年级本科生填写问卷,调查完成后为参与院校提供大学生学情分析报告及研究大数据。

国家大学生学习情况调查的主要成果体现在《国家大学生学情调查研究系列丛书》和一系列的博硕士论文、学术论文与研究报告中。比如,学生个体、家庭背景以及高校特征三方面因素对学生学习情况都有显著影响,其中学生个体和高校特征的影响力较大,而家

---

①首都高校质量与学生发展监测项目介绍.https://www.docin.com/p-1426827857.html
②鲍威.未完成的转型——普及化阶段首都高等教育的人才培养与学生发展[J].北京大学教育评论,2010,8(01):27-44+189.
③鲍威,张晓玥.中国高校学生学业参与的多维结构及其影响机制[J].复旦教育论坛,2012,10(06):20-28.
④国家大学生学习情况问卷调查系统 http://ncss.xmu.edu.cn.

庭背景影响相对较小,大学生学习质量的提升更多受制于学生投入和院校环境的支持①;无论在不同地区中,还是在不同年级与不同专业中,学生学习环境感知的良好同伴关系都是对学习成绩影响最大的因素②。

四、南京大学等高校的研究型大学本科生就读经历调查

2011 年,南京大学、西安交通大学和湖南大学等三所国内的研究型大学正式参加了"研究型大学本科生就读经历调查"(student experience in research university,以下简称SERU)调查。调查的内容主要包括三个部分:学业参与,主要包括学生课堂参与情况、师生互动情况、学生交流情况、时间利用现状、学习进步状况;学生生活和目标,主要调查学生学习动机和学习目标、对大学经历的满意程度;背景和个人特征。调查研究注重不同变量的交叉影响,并将学习收获的影响因素作为重要的研究方向。

南京大学于 2011、2013、2016、2019 年进行了面向大二、大三、大四年级全体本科生的SERU 调查。该调查由南京大学教育研究院和南京大学教务处共同组织,通过邮件的方式向学生发送问卷链接,学生通过网络调查的方式完成问卷,采集学生的学号信息。通过30%的获奖率以及赠送纪念品来激励学生填写问卷,提高应答率,定期发布南京大学本科生学习经历报告参与学生了解调查结果③。

基于参加多次 SERU 调查的数据,南京大学吕林海教授及其团队成员从多个角度对大学生就读经历进行了分析。一个角度是国际比较分析,比如对南京大学与韩国首尔大学、美国加州大学伯克利分校大学生的学习参与、学术经历满意度、全球化能力和经历、专业课程深度学习等方面分别进行对比研究,找出中国研究型大学生在相关指标上与国外高校学生的差异,找到中国本科教育质量的基本国际定位,促进本科生学习方式的深度变革④⑤⑥⑦⑧⑨。另一个角度是对单个高校数据的深度分析,比如对南京大学本科生学习

---

① 史秋衡,郭建鹏.我国大学生学情状态与影响机制的实证分析[J].教育研究,2012,33(02):109-121.

② 史秋衡,汪雅霜.大学生学习情况调查研究[M].北京:教育科学出版社,2014:473-475.

③ 2019 年度南京大学 SERU 调查正式启动[EB/OL].https://jw.nju.edu.cn/e1/a2/c26263a450978/page.htm

④ 吕林海,郑钟昊,龚放.中韩研究型大学本科生全球化能力和经历的比较研究——基于南京大学与首尔大学的问卷调查[J].大学教育科学,2013(06):98-109.

⑤ 吕林海,郑钟昊,龚放.大学生的全球化能力和经历:中国与世界一流大学的比较——基于南京大学、首尔大学和伯克利加州大学的问卷调查[J].清华大学教育研究,2013,34(04):100-107.

⑥ 吕林海,郑钟昊.中韩研究型大学本科生学术经历满意度研究——基于南京大学和首尔大学的问卷调查[J].教育发展研究,2013,33(01):34-42+54.

⑦ 龚放,吕林海.中美研究型大学本科生学习参与差异的研究——基于南京大学和加州大学伯克利分校的问卷调查[J].高等教育研究,2012,33(09):90-100.

⑧ 吕林海,龚放.中美一流大学本科生"专业课程深度学习"及其影响机制的比较研究——基于SERU(2017-2018 年)调查的数据分析[J].江苏高教,2021(01):78-88.

⑨ 吕林海,龚放.求知旨趣:影响一流大学本科生学习经历质量的深层动力——基于中美八所大学SERU(2017-2018)调研数据的分析[J].江苏高教,2019(09):57-65.

参与、教育目标与期望、本科生学习经历满意度的实证分析①②③④⑤。

　　基于湖南大学参加 SERU 调查的数据，刘声涛(2015)等探讨了五种类型课外活动时间对于学生分析与批判性思维、社交技能、自我认知与理解三项能力发展的影响⑥；徐丹(2019)分析了学生类型及学习效果的相对关系⑦；张婷(2015)探讨了本科生的时间分配对学习成绩的影响⑧。陆根书(2017)则基于西安交通大学 SERU 调查的数据研究了大学生能力发展及影响因素，认为学生背景因素、学生投入因素和学习环境因素对于学生能力发展的影响在程度和方向上均存在差异⑨。

五、北京师范大学的大学生就读经验调查

　　北京师范大学周作宇教授引入美国 CSEQ 调查，并汉化为中国大学生就读经验调查问卷，2002 年起对国内 23 所高校学生进行调查。从 2008 年到 2014 年间，课题组运用该问卷在北京、山东、内蒙古等地的 25 所高校里对学生进行抽样调查，建立了大规模样本的数据库，较好反映我国大学生就读经验的总体状况。北京师范大学也使用该问卷定期对学校本科生进行调查，相关分析结果写入学校的年度本科教学质量报告⑩。

　　基于问卷调查数据，周廷勇(2012)等采用多层线性模型的方法探讨了学校因素和学生因素对大学生发展的影响路径，认为大学生在校期间在图书馆、课堂学习、生师互动、同伴交往等方面的学习参与对他们的发展基本上具有正向的显著影响，而且它们是影响大学生学习成就与发展的主要因素⑪。白华(2013)利用中国大学学生就读经验调查问卷所收集的数据，使用结构方程中的路径分析方法，建构分析就读经验影响学习收获的模型。结果发现：支持性校园环境、学生的学业活动、学校资源利用以及社会交往对学习收获的各维度产生积极影响，呈现出显著的正效应⑫。白华(2018)基于 12 546 份问卷数据的研

　　①邓文超.南京大学本科生"学习参与"现状研究[D].南京大学,2013.

　　②沈琦.南京大学本科生学习中信息技术使用现状研究[D].南京大学,2013.

　　③叶超.南京大学本科生教育目标与期望的研究[D].南京大学,2013.

　　④夏菁.南京大学本科生学习经历满意度研究[D].南京大学,2013.

　　⑤吕文静.学科文化视角下的大学生学习参与研究[D].南京大学,2018.

　　⑥刘声涛,张婷,徐丹.本科生课外时间投入对能力发展的影响——基于 H 大学学生就读经历调查数据[J].复旦教育论坛,2015,13(05):55—61.

　　⑦徐丹,唐园,刘声涛.研究型大学学生类型及其学习效果——基于 H 大学本科生就读经历调查数据的实证分析[J].高教探索,2019(03):22—29.

　　⑧张婷,徐丹,刘声涛.本科生的时间分配对学习成绩的影响——基于 2011 年 H 大学本科生就读经历调查数据的分析[J].大学教育科学,2015(02):112—120.

　　⑨陆根书,刘秀英.大学生能力发展及其影响因素分析——基于西安交通大学大学生就读经历的调查[J].高等教育研究,2017,38(08):60—68.

　　⑩北京师范大学本科教学质量报告(2018—2019 学年).http://jwb.bnu.edu.cn/post/396378

　　⑪周廷勇,周作宇.高校学生发展影响因素的探索性研究[J].复旦教育论坛,2012,10(03):48—55＋86.

　　⑫白华.本科生就读经验影响学习收获的路径研究——基于结构方程模型[J].中国高教研究,2013(06):26—32.

究发现,学生家庭背景因素对学习收获的影响甚小,以家庭背景、校园环境以及学校资源利用构成的外部因素,以及学生参与的学术活动与社会活动为主的内部因素,对学习收获所产生的影响效应各占一半①。

六、华中科技大学的本科生学习与发展调查

华中科技大学院校发展研究中心主持研发了"本科生学习与发展调查"(student survey of learning and development,以下简称 SSLD),并于 2014 年 5 月开展了对全校本科生的网络问卷调查②。SSLD 以个体－环境互动理论为基础,以阿斯廷的 I－E－O 模型为主体框架,将环境细化为学业期望值、学校支持度、考核与反馈、学生投入度等四个要素,目的在于了解本科就读期间的学习、发展及效果,即考查学生与学校环境的互动、学生在学习和社交中的投入,以及学生在大学期间的发展情况或学习效果③。

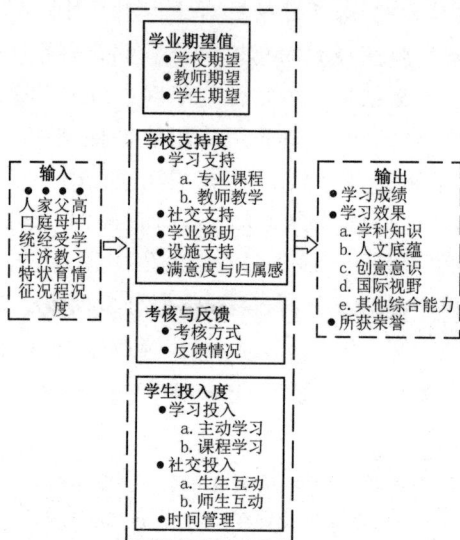

图 1-14　SSLD 问卷指标体系

魏署光(2016)等基于 2014 年华中科技大学 SSLD 7949 名学生的调查数据的分析发现,学生投入度对于学习效果的直接影响最大,学业期望值、考核与反馈及学校支持度可以解释学习投入度变异量的 37%④。吴瑁(2017)对于同一次调查的数据分析则将学生的

① 白华,周作宇.大学教育如何影响本科生的学习收获——基于 CCSEQ 实证调查数据分析[J].教育学报,2018,14(03):81－88.

② 陈敏,张俊超,魏署光,雷洪德."本科生学习与发展调查"的系统开发及其组织实施——基于华中科技大学的实践[J].高等工程教育研究,2015(02):105－109.

③ 魏署光,陈敏,张俊超,雷洪德."本科生学习与发展调查"的理论基础、问卷框架及信效度——基于华中科技大学的实践[J].高等工程教育研究,2015(03):114－120.

④ 魏署光,陈敏.本科生学习效果影响机制研究——基于华中科技大学 SSLD 的分析[J].高等工程教育研究,2016(02):167－173.

学业期望分为六种类型,不同类型学生的投入度表现均不一致①。华中科技大学 SSLD 基于个体高校采集数据,通过数据分析为职能部门提供了分析报告,并作为学校审核评估和本科教学质量报告的支撑数据,为学校本科教学改革与发展提供了支持②。

七、华东师范大学的中国本科教与学调查

华东师范大学阎光才教授牵头实施的"中国本科教与学调查"(china college teaching & learning survey,以下简称 CCTL)于 2019 年启动,从课程设计、教师教学行为、学生学习和学生课外经历(环境支持)等四个维度对本科教与学进行全面调查。通过分层抽样设计,抽取了北京、上海、南京、武汉、西安、广州、长春以及郑州等地的不同类型高校,每所高校由所在高校的联系人自选 1~2 个本校的优势专业,从各年级抽取 50 名学生答题,答题以在线方式完成。问卷覆盖了 43 所包括"985 工程"高校、"211 工程"高校与其他一般高校,采集有效问卷 4 461 份。

CCTL 对于当前我国高校本科教学过程特征和效果进行了较为系统全面的摸底,深入探究了本科教与学过程中学生发展影响因素、本科生自主学习状况分析、本科课程质量与学习过程特征、本科学习支持条件与环境以及教师有效教学行为及其效果③。基于 CCTL 数据,郭娇(2020)等还对第一代大学生在校表现、专业自主选择、专业承诺与专业满意度的关系等进行了研究④⑤。

八、天津财经大学的财经高校经管类学生学情调查

"财经高校经管类学生学情调查"由天津财经大学发起,旨在通过对三年级本科生的调查,了解学生在大学期间对于学校教育环境感知、受到的挑战与激励、个体的努力程度以及成长与收获,从而帮助学校了解其所提供的资源、所创造的学术环境为学生的成长提供支持的程度以及需要的改进方向。

该项目于 2016 年底发起成立了"学情研究与教学发展",并于 2017 年 4 月启动了首次全国财经高校经管类学生学情调查。2017 年的首轮调查有 10 所院校的经济与管理类的 49 个专业的 26 423 名三年级在校本科生参加,调查问卷回收率为 81.7%。2018 年第二轮调查有 18 所院校 52 个专业的 48 270 名学生参与调查,调查问卷回收率为 87.7%;2019 年第三轮调查有 29 所院校参与学生共 90 101 人,调查问卷回收率为 85%;2020 年第四轮调查有 18 所院校 59 048 名学生参加,问卷回收率 85.1%。该调查已经成为全国

①吴瑶,陈敏,魏署光.基于本科生就读期望分类的学生投入度差异分析——以 H 大学 SSLD 为例[J].高等工程教育研究,2017(01):96-101.
②陈敏,张俊超,魏署光,雷洪德."本科生学习与发展调查"的系统开发及其组织实施——基于华中科技大学的实践[J].高等工程教育研究,2015(02):105-109.
③阎光才.我国本科教与学过程的特征与问题分析[J].中国高教研究,2020(05):1-8.
④郭娇.基于调查数据的家庭第一代大学生在校表现研究[J].中国高教研究,2020(06):13-19.
⑤丁沁南.选择重要还是培养重要——本科生专业自主选择、专业承诺与专业满意度关系探究[J].教育发展研究,2019,39(23):27-33.

财经高校中较具影响力的学情调查,相关问卷调查的结果已经用于教育教学理念、教育教学方式和教育教学评价范式的再造。

"财经高校经管类学生学情调查"采集了学生投入(量化指标、生生互动、师生互动、学习策略、意志力)、环境(课程设置、教师教学、学校支持环境)、大学收获、专业认知和学校满意度等信息,同时还采集了生源地、父母受教育水平、学生成绩位序等个人信息,共有72个题项,学生一般在 8～10 分钟可以完成问卷。每次调查后向参与院校反馈《学情调研报告》和完整的原始问卷调查数据。

第二章

高校学生投入影响因素与评价模型的研究设计

第一节 研究框架设计

一、总体研究框架

一个研究总体框架使得研究设计更加具有逻辑性,研究过程更加具有科学性,研究结果更加具有可解释性。前一章对已有的有关高校学生投入的理论基础和研究模型进行了梳理,本研究中的研究框架参考已有的相关研究框架,比如阿斯廷的 I-E-O 模型等,构建出个人(P)—环境(E)—投入(I)—产出(O)的总体研究框架。

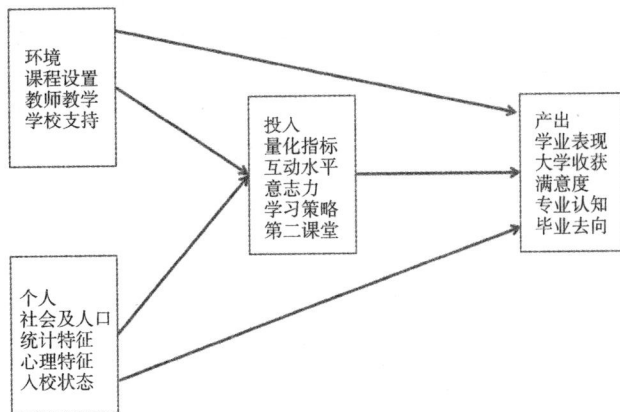

图 2-1 研究总体框架

个人包括社会及人口统计特征、心理特征和入校状态,环境包括课程设置、教师教学和学校支持,投入包括量化指标、师生互动、生生互动、意志力、学习策略、第二课堂等,产出包括学业表现、大学收获、大学满意度、专业满意度等。该研究框架将指导本研究的全过程。投入受个人和环境的影响，又对产出产生影响，个人和环境也可能直接对产出有影响。

二、影响因素选择

在本研究的总体框架中，学生投入的影响因素来自两个方面，第一方面是个人因素。从个人因素维度来看，大量的研究结果表明大学学生的投入、学业成绩等与个人因素相关。Zhe Zhang(2018)认为个人经历(history－in－person)、相关经验(relevant past experience)、个性特征(character traits)、动机(motivation)、目标和计划(goals and plans)、族群(ethnic group)是影响学生投入的重要个人因素[1]。Kevin Fosnacht(2018)的研究表明，性别、专业、是否住校、年龄、参与社团和标准化测试成绩是影响大学生时间分配模式的重要变量[2]。Pike(2005)基于CESQ的研究表明第一代大学生和第二代大学生在学习投入上存在明显差异[3]。Lee(2003)发现，进入大学前在学习、学习能力、领导能力、人生观形成等方面的时间分配特征能够较好地预测大学期间学习时间的分配[4]。但是也有研究认为，学生入学前的特征，比如性别、民族或入学的能力水平等和学生的校园投入之间没有稳定的关系，即使存在关系，关联度也很小。Pike(1999)和他的同事们的研究发现，学生的背景特征对投入的影响在众多变量中只占1%到5%[5]。

第二方面是环境因素，这里主要指的是学校环境，即学校的教育政策与实践，包括学校如何分配资源，安排课程，提供其他学习机会和支持性服务，鼓励学生参加与退学转学、学校满意度、学习、毕业相关的活动等。学校对促进学生投入的花费越多，学生的退学转学率就越低，毕业率就越高。如果学校能有意识地把更多的资源用来提高其教育有效性，例如发展学习社区、促进学生科研、给予学生必要的资助，就能够明显地促进学生投入[6]。Kezar 和Kinzie(2006)发现，如果学校提供适当的学业挑战、支持性的教师、学习支持、主动且合作学习，那么学生投入程度会更高[7]。胡(Hu)和库(Kuh)评估了学校学习氛围、学生获益和学生投入之间的关系，他们发现一些学校的学生的学习效率更高，这些学校的价

①Zhe Z ，Mcnamara O.Undergraduate Student Engagement in China and the UK － A synthesised theoretical perspective across countries and subjects[M].Springer.2017:57－63.

②Kevin Fosnacht1，Alexander C.McCormick，Rosemarie Lerma.FirstYear Students' Time Use in College：A Latent Profle Analysis[J].Res High Educ (2018) 59:958 - 978

③Pike G ，Kuh G.First－andSecond－GeneratioCnollege StudentsA：Comparisonof Their Engagemenat ndIntellectual Development.The Journal of Higher Education,2005,76(3):276－300.

④Lee A.How Risky Are One－Shot Cross－Sectional Assessments of Undergraduate Students? [J].Research in Higher Education,2003,44(6):657－672.

⑤Pike G R.The effects of residential learning communities and traditional residential living arrangements on educational gains during the first year of college[J].Journal of College Student Development, 1999(40).

⑥徐波.高校学生投入：从理论到实践[J].教育研究,2013,034(007):147－154.

⑦Kezar,A.J.& Kinzie,J.Examining the Ways Institutions Create Student Engagement:The Role of Mission[J].Journal of College Student Development,2006,(2).

值理念和实践对学生投入意义重大①。

基于以上的分析,确定纳入本研究范围的影响学生投入的个人因素包括社会及人口统计特征(性别、民族、来源地、家庭背景),入学状态(科类与学科、身心状态)、心理特征(大五人格、学业自我效能、成就动机),环境因素主要指学校环境,包括课程设置、教师教学和学校支持。

第二节 教育数据挖掘研究方法

一、教育数据挖掘的概念与发展

一般认为,教育数据挖掘起源于科比特和安德森(Corbett & Anderson)于1995年提出的贝叶斯知识跟踪(bayesian knowledge tracing)模型,该模型目前已经发展为智能教学系统(intelligent teaching system)对学生学习效果建模的主流技术,能够准确评估学生当前的知识掌握水平。在2005年的学习系统使用AIED2005分析研讨会上,较早明确提出教育数据挖掘这个概念。教育数据挖掘是一个跨学科领域,包括了计算机科学、统计学、心理学等学科。教育数据挖掘致力于研究分析大型数据集以回答教育研究问题。教育数据挖掘的利益相关者一般包括:学习者、教育者、研究人员、管理人员。

从教育数据挖掘论文中的研究方法变化可以侧面反映出教育数据挖掘的研究进展。在Romero和Ventura从1995年到2005年的教育数据挖掘有关的研究调查中,关联数据挖掘占43%,预测占28%,人工判断/探索性数据分析占17%,还有15%为聚类方法②。但是到了2009年,预测成了主要的研究方向,占据的比例为42%,并出现一个新的研究方向:模型发现,占据的比例有19%。在2005年之后心理测量学和学生建模社区的研究人员融入教育数据挖掘社区,导致2009年出现了28%的项目响应理论、贝叶斯网和马尔可夫决策过程的建模框架等方向的论文。这标志了教育数据挖掘的研究领域变成了多元混合领域③。

教育数据挖掘的数据来源也呈现了多样化的发展。初期研究人员需要直接收集数据,所以数据大多来源于进行分析的研究小组,这样导致实验的重现以及验证的难度增加。到了2008年,匹兹堡学习科学中心(pittsburgh science of learning center)开放了一个公共的数据存储库(PSLC DataShop),这个数据库免费给世界各地的研究人员提供了大量的来自各种在线学习环境的数据。在线课程学习在全球范围内被大量学生的使用,

①Hu,S. & Kuh,G.D.Maximizing What Students Get Out of College:Testing a Learning Productivity Model[J].Journal of College Student Development,2003,(2):185−203.

②C Romero,S Ventura.Educational data mining:A survey from 1995 to 2005[J].Expert Systems with Applications,2007 ,33(1):135−146.

③Ryan S.J.D.Baker.The State of Educational Data Mining in 2009:A Review and Future Visions [J].Journal of Educational Data Mining,2009,1(1):1−16.

如 Moodle 和 WebCAT,产生了大量的数据,在 2009 年论文中有 12% 中使用了来自现有在线课程工具上的数据[①]。

教育数据挖掘(EDM)和学习分析(LA)相互互补。EDM 试图通过人工判断支持的自动化任务来发现知识,LA 是基于人工判断的知识发现的优先化,而且 LA 依赖于自动化工具[②]。学习分析是以理解和优化学习及学习发生之环境为目的,所进行的有关学习者及其环境的数据之测量、采集、分析和报告[③]。EDM 和 LA 的主要目标都是从教育数据中提取信息,以支持与教育相关的决策。但是 EDM 更侧重于技术和方法论,而 LA 处理更多的是应用程序。

二、教育数据挖掘的应用模式

(一)教育数据挖掘的过程

教育数据挖掘的基本过程一般依据 CRISP−DM(cross−industry standard process for data mining,跨行业数据挖掘标准流程),包括六个阶段:业务理解(business understand)、数据理解(data understand)、数据准备(data preparation)、建模(modeling)、评估(evaluation)和部署(deployment)(如图 2-2 所示)。

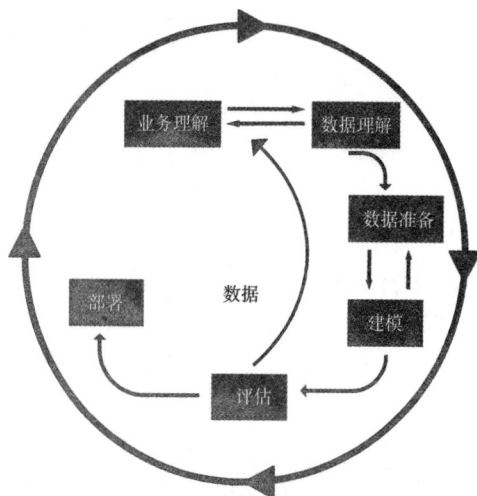

图 2-2　教育数据挖掘的基本过程

①Ryan S.J.D.Baker.The State of Educational Data Mining in 2009:A Review and Future Visions[J].Journal of Educational Data Mining,2009,1(1):1−16.

②Moscoso−Zea O ,Andres−Sampedro,Lujan−Mora S.Datawarehouse design for educational data mining[C]// 2016 15th International Conference on Information Technology Based Higher Education and Training (ITHET).IEEE,2016.

③Laura Calvet Liñán and Ángel Alejandro Juan Pérez.Educational Data Mining and Learning Analytics:differences,similarities,and time evolution[J].International Journal of Educational Technology in Higher Education,2015,12(3):98−112.

Roberto Llorente 将教育数据挖掘的过程概括为以下几个步骤：(1)数据预处理：预处理阶段通常包括计算描述性的数据汇总和中心倾向的测量(如平均值和模式)和数据分散度(如分位数、方差和标准差)。为了处理缺失值或不一致的数据,也可以应用数据清理方法。(2)数据挖掘：对数据进行关联处理,以识别所收集信息的关联性。在此阶段应该应用频率模式挖掘分析。(3)建模：在这个阶段,应用合适的模型对数据进行处理。(4)可视化：数据挖掘结果以可读的形式呈现,主要呈现两个输出,一个给学生,另一个给教师[1]。

(二)教育数据挖掘的方法

常见的教育数据挖掘的方法包括：分类、聚类、关联规则等。分类是一种重要的数据分析形式,它提取刻画重要数据类的模型。分类是找出数据库中的一组数据对象的共同特点并按照分类模式将其划分为不同的类,其目的是通过分类模型,将数据库中的数据项映射到给定的类别中。常用的分类算法有：决策树、KNN 算法(K－Nearest Neighbor)、SVM 算法、Bayes 算法等。

聚类分析简称聚类,顾名思义,也就是"物以类聚",是一个数据对象划分成子集的过程。每一个子集是一个簇,簇中的对象彼此相似,与其他簇中的对象不相似。聚类算法分为层次聚类和非层次聚类两种类型,也可以从基于密度、基于网络以及基于模型等维度进行分类。常见的聚类算法有：K－Means 聚类算法,均值偏移聚类算法,Ward's 聚类等。

关联分析又称关联挖掘,就是在交易数据、关系数据或其他信息载体中,查找存在于项目集合或对象集合之间的频繁模式、关联、相关性或因果结构。关联分析是从大量数据中发现项集之间有趣的关联和相关联系。常见的关联规则分析算法包括：Apriori 算法,FP－growth 算法等。

三、教育数据挖掘的工具软件

随着教育数据挖掘的发展,数据挖掘工具也从过去的单一简单到现在的复杂多能。教育数据挖掘工具分为两类,分别是应用软件以及编程语言,两种工具各有优劣。

(一)应用软件

应用软件的优点在于：图形化界面、内置多种核心算法、具有较强可用性以及有着丰富的数据挖掘算法。而其缺陷在于,只可以使用指定的算法,适用性不够广泛。因此,数据挖掘应用程序的使用者往往较多,但应用很多都流于表面应用,而缺乏对数据挖掘算法的深度理解。以下将列举三种数据挖掘应用程序。

1.SPSS Modeler

SPSS Modeler,全称是 IBM SPSS Modeler,是一款数据挖掘软件,数据建模的理论往往基于数学算法,如聚类算法、决策树算法、神经网络算法以及贝叶斯算法等。目的是

---

[1]Llorente R,Morant M.Data Mining in Higher Education[M].Springer Berlin Heidelberg,2007.

通过对数据的整理、分类、建模和分析,来得到有价值的结果,能够对实际生产有一定的指导意义。数据源来源多样,可以导入 excel 表格,也可以连接至数据库分析。分析结果以可视化方式呈现,更加直观。

2.Rapid Miner

Rapid Miner 是最受欢迎的免费数据挖掘工具之一,它是一个开源的数据挖掘软件,由 Java 语言编写而成,提供一些可扩展的数据分析挖掘算法的实现,旨在帮助开发人员更加方便快捷地创建智能应用程序。该款工具最大的好处就是,用户无须写任何代码。它是作为一个服务提供,而不是一款本地软件。除了数据挖掘,Rapid Miner 还提供如数据预处理和可视化、预测分析和统计建模、评估和部署等功能。

3.SAS

SAS 最开始发源于北卡罗来纳州立大学,1976 年 SAS 的成套软件从学校分离出来进入公司。用户可以使用 SAS 数据挖掘商业软件发掘数据集的模式,其描述性和预测性模型为用户更深入地理解数据提供了基础。用户不需要写任何代码,它们提供易于使用的 GUI,并提供从数据处理、集群到最终环节的自动化工具,用户可以从中得出最佳结果做出正确决策。由于它属于商业数据挖掘软件,所以其中包含很多高端的工具,包括自动化、密集像算法、建模、数据可视化等。

(二)编程语言

编程语言的优点在于:贴合使用需求,运算更加快捷以及能够满足多样化使用场景。应用软件往往会局限于一个工作环境中,如 SPSS Modeler 只能够在 Windows 中使用,无法适用于 MacOS 和 Linux 环境。而编程语言可以在所有环境中使用,并且可以在云端运算,对于跨平台合作来说优势明显。因此,编程语言越来越得到研究人员的青睐。接下来,将列举两种数据挖掘中常见的编程语言。

1.R 语言

R 是用于统计分析、绘图的语言和操作环境。R 是属于 GNU 系统的一个自由、免费、源代码开放的软件,它是一个用于统计计算和统计制图的优秀工具。它的优点在于:1.免费,上手快;2.画图能力强,可以用 ggplot2 画静态图,plotly 画交互图,shiny 可以用网页交互,ggmap 画地图类可视化;3.基于内存,训练速度快,代码量少;4.开源,开发者较多,社区不断发展壮大;5.轻量,对于电脑配置要求较低;6.Rstudio 界面友好。

2.Python 语言

Python 由荷兰数学和计算机科学研究学会的 Guido van Rossum 于 1990 年代初设计,作为一门叫作 ABC 语言的替代品。Python 提供了高效的高级数据结构,还能简单有效地面向对象编程。Python 语法和动态类型,以及解释型语言的本质,使它成为多数平台上写脚本和快速开发应用的编程语言,随着版本的不断更新和语言新功能的添加,逐渐被用于独立的、大型项目的开发。并且,Python 获取数据也更为方便。Python 爬虫包较为丰富,可以利用 Python 完成获取数据,处理数据,输出数据,免去了多程序操作的问题。

(三)SPSS Modeler 的运行过程

SPSS Modeler 是一款 GUI 简洁明了,操作简单,算法丰富的数据挖掘软件。利用 SPSS Modeler 进行教育数据挖掘的过程如下。

1.数据导入及预处理

SPSS Modeler 利用节点和节点与节点之间的连线形成整个数据挖掘流程。首先,为了导入数据,在 SPSS Modeler 下方的各个节点中,选择"源"界面的节点,这代表了数据源。根据不同的数据源选择不同的节点(如图 2-3 所示)。选择数据源节点后,点击打开,连接到相应的数据文件,就可以导入数据。

图 2-3　数据源节点

接着,在导入数据后,在记录选项和字段选项中,选择不同的节点,就可以采取不同的方式对数据源中数据进行处理。一般的操作有选择、类型、分区等。选择可以基于特定条件选择子集;类型可以确定并控制字段元数据,如选择哪些数据是输入,哪些数据作为输出;分区可以将数据分割为单独子集,如训练集和测试集(如图 2-4 所示)。

图 2-4　数据处理

2.选择算法模型

在软件下方的建模模块,如图 2-5 所示,有着众多的数据模型。在对数据进行预处理之后,就可以选择算法进行建模。SPSS Modeler 中模型分为五类,全部、自动、分类、关联和细分。全部模块中包括了所有的模型。自动模块中是自动建模器,在研究者不知该使用那种模型时,可以用自动建模器,自动建模器会选择效果较好的模型进行分析。研究者在想好选择自己使用的模型之后,直接选择模型,接着点击运行,就可以得到建模结果。

图 2-5　建模

3.分析及导出

在数据模型运行得到结果之后,有时会对结果进行进一步的分析或将结果导出至文件当中。在下方的输出模块里,有着表、矩阵、分析等输出节点,可以对数据挖掘结果进行进一步的分析或可视化呈现。而在输出模块中,则可以将结果数据导入到数据库、平面文件和 Excel 表中去(如图 2-6 所示)。

图 2-6　结果输出与导出

4.整体流程

最后,从整体流程中分析 SPSS Modeler 数据挖掘流程(如图 2-7 所示)。

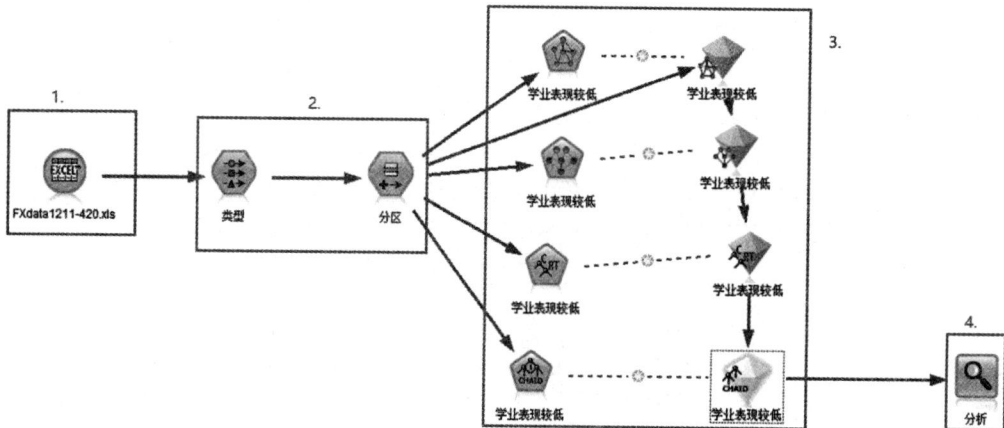

图 2-7　整体建模流程

第一步,导入数据。本例导入的是 Excel 表格,因此在数据源中选择 Excel 节点。第二步,数据预处理,将数据源节点分别连接至类型与分区节点。第三步,选择模型。由于本例选择多算法比较分析,因此在分区节点之后连接至多个算法进行分析,并进行运行,生成"金矿"节点,就是算法分析结果。第四步,结果分析。将所有"金矿"节点依次连接至一个节点,并连接至分析节点,再次运行,就能够得到数据挖掘结果的分析。

第三节   数据来源及处理

一、数据来源

(一)学情调查数据

A大学 2019 年、2020 年连续两年参加了天津财经大学的财经高校经管类学生学情调查,都面向大三年级学生(2016 级和 2017 级),主要由教务处教学评估中心负责,采用发通知、各学院教务员组织学生填写问卷的方式,及时通报各学院学生填写的比例,并在年终对组织较好的教务员进行评选和奖励。2019 年的问卷回收率为 65%,2020 年受疫情影响学生未返校,但问卷回收率仍达到了 90%。采集的数据存放于 Excel 文件中。

(二)第二课堂数据

A大学学生第二课堂由校团委负责管理。第二课堂涵盖了学生在校内外参加的学术讲座、志愿服务、文体活动、社会实践活动等。A大学从 2016 年起使用 PU(口袋校园pocket university)系统对学生第二课堂进行管理。该系统已有 650 多所高校在使用,包括手机 APP 和后台管理端。A大学使用该系统两年多来,所有学生相关的活动、讲座都通过该系统进行报名、签到和考核计分,数据比较完整。但学校管理员只可以按学生导出个人的"第二课堂成绩单",不能导出活动的明细数据。第二课堂数据以 Excel 形式存放。

(三)学生管理数据

A大学日常学生管理工作由学生处负责,使用的是专业软件公司开发的学生管理信息系统。该管理信息系统从 2009 年开始使用,包括学生版和管理版,主要功能包括基本信息管理、学籍管理、行政处分、勤工助学、困难学生、评优评奖、素质拓展、档案管理、就业管理等功能。该系统与教学管理信息系统之间并没有数据共享机制,学生基本信息的变更如转专业、休退复学等还采用手工更新的方式,与教学管理信息系统之间经常出现数据不一致的情况。该系统提供数据导出功能,可以导出的数据包括困难生数据,学生奖励数据等,导出数据格式为 DBF 或 Excel。

(四)心理健康调查数据

A大学心理健康咨询中心采用自己开发的系统,每年对全校新生进行心理测试,主要包括大学生人格问卷、依恋量表、支持量表、应对量表等,通过量表的数据对学生心理健康程度进行预警等级评定,包括红色、橙色、黄色、蓝色四个等级。A大学心理健康咨询中心拥有全校学生详细的心理健康预警数据,可以通过 Excel 格式获取。

（五）学生体质测试数据

A 大学体育教学部负责每年秋季进行全校学生体质健康测试,采用中体同方开发的体质测试管理系统。体质测试项目为《国家学生体质健康标准》中规定的测试项目,包括身高、体重、肺活量、立定跳远、坐位体前屈、50 米跑,男生 1 000 米、引体向上,女生 800 米、仰卧起坐等,每一项均有详细的成绩和评价等级,测试数据需要按照固定格式上报到国家学生体质健康网,数据以 Excel 文件格式存放。

（六）本研究专门进行的问卷调查数据

本研究为探讨学生心理特征对于投入的影响,专门自行开发问卷调查系统,利用大五人格问卷,成就动机问卷、学业自我效能问卷等三种问卷,结合期中教学检查工作布置,学生自愿填写,数据存放于 Access 数据库中。

二、数据平衡性分析

本研究的主要数据来自学情调查问卷。A 大学两次参加学情调查的响应率分别为 65％和 90％,差异较大。因此,对两个年份总体和参加问卷调查的学生进行了数据平衡性分析,具体结果如表 2-1 所示。

表 2-1　数据平衡性分析结果

社会及人口统计特征		2019 总体	2019 响应	2020 总体	2020 响应
性别	男	30.7％	26.9％	30.7％	30.2％
	女	69.3％	73.1％	69.3％	69.8％
民族	汉族	92.0％	92.1％	91.3％	91.7％
	少数民族	8.0％	7.9％	8.7％	8.3％
地区	东部	71.1％	71.5％	68.6％	69.2％
	中部	11.5％	11.5％	12.3％	12.4％
	西部	17.3％	16.9％	18.3％	18.3％
城乡	城镇	67.0％	65.9％	65.0％	65.3％
	农村	33.0％	34.1％	35.0％	34.7％
科类	文科	40.2％	42.9％	33.1％	32.9％
	理科	59.8％	57.1％	64.1％	64.3％
	综合			2.8％	2.8％
学科	经济学	30.4％	26.5％	29.8％	28.7％
	管理学	50.5％	54.9％	52.4％	53.3％
	法学	10.8％	11.3％	10.4％	10.7％
	文学	3.0％	3.9％	2.2％	2.0％
	理学	1.6％	2.2％	2.3％	2.3％
	工学	3.7％	1.3％	3.0％	2.9％
经济状态	困难学生	13.3％	13.5％	13.5％	13.2％

由表中可以发现,两个年份中响应问卷调查的学生的社会与人口统计特征与总体基本一致,不存在较大的偏差,其数据应当是可以接受的。

三、调查问卷信效度分析

(一)学情调查问卷的信效度分析

首先对 2019 年学情问卷进行主成分分析,累积提取 8 个因子,累积方差百分比为 65.510%。

表 2-2 2019 年学情调查问卷主成分分析结果——总方差解释

	初始特征值			提取载荷平方和			旋转载荷平方和		
成分	总计	方差 百分比	累积(%)	总计	方差 百分比	累积(%)	总计	方差 百分比	累积(%)
1	17.605	35.929	35.929	17.605	35.929	35.929	7.585	15.480	15.480
2	4.346	8.870	44.799	4.346	8.870	44.799	5.271	10.757	26.237
3	2.610	5.326	50.125	2.610	5.326	50.125	4.454	9.090	35.327
4	2.257	4.606	54.730	2.257	4.606	54.730	3.779	7.713	43.039
5	1.500	3.060	57.790	1.500	3.060	57.790	3.716	7.583	50.622
6	1.398	2.854	60.644	1.398	2.854	60.644	2.834	5.785	56.407
7	1.321	2.696	63.340	1.321	2.696	63.340	2.506	5.115	61.522
8	1.064	2.170	65.510	1.064	2.170	65.510	1.954	3.988	65.510

KMO 和巴特利特检验的结果如下:KMO 取样适切性量数为 0.966。巴特利特球形度检验近似卡方 87 833.834,自由度 1 176,显著性为 0.000。

旋转后的成分矩阵如下:

表 2-3 2019 年学情调查问卷主成分分析结果——成分矩阵

旋转后的成分矩阵								
	成分							
	1	2	3	4	5	6	7	8
本学年,你向其他同学请教课程内容								0.774
你为其他同学讲解课程内容								0.688
你与其他同学一起完成项目或作业								0.578
课上你主动向老师提问或参与讨论					0.689			

旋转后的成分矩阵

	成分							
	1	2	3	4	5	6	7	8
课下与老师交流讨论学习问题					0.761			
参与学校或老师组织的竞赛或科研活动					0.732			
与老师讨论自身学业表现					0.825			
与任课老师或辅导员交流个人职业发展规划					0.757			
通过阅读课程资料获取关键信息		0.576						
总结课堂及课程资料中学到的内容		0.519						
将课程所学知识与自身经历及先前知识有机连接		0.662						
运用网络或文献数据库查找文献资料		0.623						
将所学内容与现实问题相结合		0.724						
尝试用新思路或新方法解答问题		0.671						
通过对数据资料的分析得出结论		0.637						
反思自身观点的优缺点		0.657						
通过站在他人的角度看问题以试图更好地理解别人观点		0.622						
综合不同课程知识完成项目或作业		0.583						
当学习与娱乐发生冲突时,即便娱乐很有吸引力,仍会坚持学习							0.671	
遇到复杂情况时,能够果断做出判断,不会优柔寡断、反复不定							0.586	

旋转后的成分矩阵

	成分							
	1	2	3	4	5	6	7	8
下定决心做的事情,不论遇到什么困难,都会持之以恒							0.763	
能够长时间做一件重要但枯燥无味的事情							0.733	
本学年,所学课程强调对概念、经验或推理过程进行深度分析						0.706		
所学课程强调对不同观点、方案或信息进行评价						0.759		
所学课程强调综合不同信息形成新的想法或认识						0.753		
所学课程强调运用所学知识分析或解决现实问题						0.682		
本学年,教师明确提出课程目标和要求				0.745				
教师强调课程核心思想与内在逻辑				0.769				
教师运用案例与例证来解释难点				0.763				
教师以问题为导向,引导学生对于课程知识的了解、理解、探究与反思				0.757				
教师及时反馈学生作业及考核中存在的问题				0.643				
学校强调学生花费大量的时间学习及完成学业相关工作	0.155	0.122	0.344	0.344	0.148	0.134	0.173	0.057
学校提供学术辅导等支持服务,帮助学生取得学术成功			0.711					
学校提供第二课堂、在线课堂等帮助学生提升素质与能力			0.716					

续 表

旋转后的成分矩阵

	成分							
	1	2	3	4	5	6	7	8
学校为学生提供专业认知指导			0.766					
学校鼓励学生参加校园文体活动			0.673					
学校为学生提供接触社会的机会			0.732					
学校为学生提供就业指导与培训			0.718					
大学经历对于你掌握所学专业核心知识与技能的帮助	0.610							
大学经历对于你提升辩证思考能力的帮助	0.728							
大学经历对于你有效收集信息能力的帮助	0.747							
大学经历对于你运用量化方法分析数据能力的帮助	0.682							
大学经历对于你解决现实问题能力的帮助	0.778							
大学经历对于你进行书面表达的帮助	0.753							
大学经历对于你运用简明清晰的语言进行口头表达的帮助	0.764							
大学经历对于你与不同类型的人有效沟通的帮助	0.777							
大学经历对于你与他人有效合作的帮助	0.771							
大学经历对于你有效进行时间管理的帮助	0.721							
大学经历对于你清楚认识自我(性格、能力、情商等)的帮助	0.738							

经检验,有一个题项"学校强调学生花费大量的时间学习及完成学业相关工作"在各成分中均未达到0.5,拟予以排除。8个因子按顺序依次命名为生生互动、师生互动、学习策略、意志力、课程设置、教师教学、学校支持和大学收获,克隆巴赫α系数分别为0.706、0.866、0.895、0.788、0.888、0.914、0.911和0.954。所有因子的克隆巴赫α系数均高于0.7,6个因子高于0.8,说明该问卷具有可靠性。

对2020年的学情问卷数据也进行了相同的分析,其结果基本相同。主成分分析的结果显示累积提取8个因子,累积方差百分比为69.296%。

表2-4　2020年学情调查问卷主成分分析结果——总方差解释

成分	总方差解释								
	初始特征值			提取载荷平方和			旋转载荷平方和		
	总计	方差百分比	累积%	总计	方差百分比	累积%	总计	方差百分比	累积%
1	19.476	38.188	38.188	19.476	38.188	38.188	9.092	17.827	17.827
2	5.052	9.907	48.095	5.052	9.907	48.095	6.183	12.124	29.951
3	2.836	5.562	53.657	2.836	5.562	53.657	4.899	9.606	39.557
4	2.551	5.003	58.660	2.551	5.003	58.660	3.947	7.738	47.295
5	1.577	3.093	61.752	1.577	3.093	61.752	3.933	7.712	55.007
6	1.425	2.793	64.546	1.425	2.793	64.546	2.787	5.465	60.472
7	1.291	2.532	67.077	1.291	2.532	67.077	2.559	5.017	65.489
8	1.132	2.219	69.296	1.132	2.219	69.296	1.941	3.807	69.296

KMO和巴特利特检验的结果如下:KMO取样适切性量数为0.971。巴特利特球形度检验近似卡方149 912.291,自由度1 275,显著性为0.000。

表2-5　2020年学情调查问卷主成分分析结果——成分矩阵

旋转后的成分矩阵								
	成分							
	1	2	3	4	5	6	7	8
你向其他同学请教课程内容								0.767
你为其他同学讲解课程内容								0.625
你与其他同学一起完成项目或作业								0.670
课上你主动向老师提问或参与讨论				0.710				
课下与老师交流讨论学习问题				0.780				
参与学校或老师组织的竞赛或科研活动				0.773				

旋转后的成分矩阵

	成分							
	1	2	3	4	5	6	7	8
与老师讨论自身学业表现				0.870				
与任课老师或辅导员交流个人职业发展规划				0.775				
通过阅读课程资料获取关键信息		0.640						
总结课堂及课程资料中学到的内容		0.657						
将课程所学知识与自身经历及先前知识有机连接		0.714						
运用网络或文献数据库查找文献资料		0.655						
将所学内容与现实问题相结合		0.714						
尝试用新思路或新方法解答问题		0.660						
通过对数据资料的分析得出结论		0.691						
反思自身观点的优缺点		0.686						
通过站在他人的角度看问题以试图更好地理解别人观点		0.680						
综合不同课程知识完成项目或作业		0.654						
当学习与娱乐发生冲突时，即便娱乐很有吸引力，仍会坚持学习							0.678	
遇到复杂情况时，能够果断做出判断，不会优柔寡断、反复不定							0.620	
下定决心做的事情，不论遇到什么困难，都会持之以恒							0.740	
能够长时间做一件重要但枯燥无味的事情							0.723	

旋转后的成分矩阵

	成分							
	1	2	3	4	5	6	7	8
所学课程强调对概念、经验或推理过程进行深度分析						0.711		
所学课程强调对不同观点、方案或信息进行评价						0.763		
所学课程强调综合不同信息形成新的想法或认识						0.742		
所学课程强调运用所学知识分析或解决现实问题						0.725		
教师明确提出课程目标和要求					0.807			
教师强调课程核心思想与内在逻辑					0.810			
教师运用案例与例证来解释难点					0.797			
教师以问题为导向,引导学生对于课程知识的了解、理解、探究与反思					0.792			
教师及时反馈学生作业及考核中存在的问题					0.704			
学校强调学生花费大量的时间学习及完成学业相关工作	0.269	0.147	0.457	0.095	0.233	0.056	0.104	0.066
学校提供学术辅导等支持服务,帮助学生取得学术成功			0.747					
学校提供第二课堂、在线课堂等帮助学生提升素质与能力			0.739					
学校为学生提供专业认知指导			0.789					
学校鼓励学生参加校园文体活动			0.727					

旋转后的成分矩阵							
	成分						
	1	2	3	4	5	6	7	8
学校为学生提供接触社会的机会			0.797					
学校为学生提供就业指导与培训			0.769					
掌握所学专业核心知识与技能	0.686							
自主学习能力	0.699							
提升辩证思考能力	0.777							
有效收集信息能力	0.753							
运用量化方法分析数据能力	0.716							
解决现实问题能力	0.766							
运用简明清晰的语言进行口头表达	0.792							
逻辑清楚地进行书面表达	0.784							
与不同类型的人有效沟通	0.774							
与他人有效合作	0.745							
有效进行时间管理	0.745							
情绪管理与调节能力	0.730							
清楚认识自我（性格、能力、情商等）	0.715							

经检验，与 2019 年问卷相同，题项"学校强调学生花费大量的时间学习及完成学业相关工作"在各成分中均未达到 0.5，故予以排除。8 个因子按顺序依次命名为生生互动、师生互动、学习策略、意志力、课程设置、教师教学、学校支持和大学收获，其中大学收获的题项比 2019 年增加 2 项。各因子克隆巴赫 α 系数分别为 0.758、0.885、0.920、0.826、0.906、0.941、0.932 和 0.961。所有因子的克隆巴赫 α 系数均高于 0.7，5 个因子高于 0.9，说明该问卷具有可靠性。

（二）其他问卷的信效度分析

1.中国大五人格问卷简式版（chinese big five personality inventory brief version，CBF－PI－B），由王孟成等人根据中国大五人格问卷（CBF－PI）中抽取部分条目组成测量大五人格维度的简式量表，含有 40 个题项，每个维度分别由 8 个题项测量。王孟成对 6 所高校的 1221 名在校大学生的测试表明中国大五人格问卷简式版量表各维度具有较好的信度系数，内部一致性系数在 0.764（宜人性）至 0.814（神经质）之间，平均 0.793；间隔

10 周的重测系数在 0.672(宜人性)至 0.811(开放性)之间,平均 0.742[1]。

2.学业自我效能感问卷(academic self-efficacy scale,ASES)。该问卷由梁宇颂等参考 Pintrich 和 DeGroot 于 1990 年编制的学业自我效能问卷中的有关维度编制而成。该问卷把学业自我效能感分为学习能力自我效能感和学习行为自我效能感两个独立的维度,学习能力自我效感是指个体对自己是否具有顺利完成学业、取得良好成绩和避免学业失败的学习能力的判断与自信,学习行为自我效能感是指个体对自己能否采取一定的学习方法达到学习目标的判断与自信。每个维度有 11 个题项,共 22 个题项,采用 5 点计分,分数越高代表效能感越高。学业自我效能感的总分是学习能力自我效能感和学习行为自我效能感得分之和。该问卷内部一致性系数为 0.89[2]。

3.成就动机测量问卷(achievement motive scale,AMS)。由挪威心理学家 Gjesme 和 Nygard 于 1970 年编制,经叶仁敏等修订而成。两表的分半信度为 0.77,效度为 0.58。AMS 由被试自己选填,根据题目内容回答自己的认识与态度,对问题的阐述采用 4 点量表计分,两个分量表各 15 个题项,共 30 个题项,分别测量追求成功的动机 M_s 和避免失败的动机 M_f,M_s 大于 M_f 则总的追求成功的动机水平比较高,M_s 小于 M_f 则追求成功的动机水平比较低,个体倾向于避免失败[3]。

①王孟成,戴晓阳,姚树桥.中国大五人格问卷的初步编制Ⅲ:简式版的制定及信效度检验[J].中国临床心理学杂志,2011,18(4):454-459.

②梁宇颂.大学生成就目标、归因方式与学业自我效能感的研究[D].华中师范大学,2000.

③叶仁敏,KuntA.Hagtvet.成就动机的测量与分析[J].心理发展与教育,1992,(02):14-16.

第三章

高校学生投入的影响因素研究

第一节　高校学生投入的差异性分析

一、学情调查问卷四项投入指标数据的差异分析

A 大学参与的 2019 年、2020 年学情调查的有效样本数分别为 2 667 和 3 781，表 3-1 和表 3-2 中分别对学情调查问卷中有关学生投入的 4 项指标生生互动、师生互动、学习策略和意志力进行了基本的描述性统计分析。

表 3-1　2019 年样本描述性统计分析

描述性 指标	2019 年（有效样本 2 667）			
	生生互动	师生互动	学习策略	意志力
平均值＋标准差	3.03±0.60	2.30±0.66	3.31±0.57	3.31±0.63
最小/最大值	1/5	1/5	1/5	1/5
25 分位	2.67	1.80	3.00	3.00
50 分位	3.00	2.20	3.30	3.25
75 分位	3.33	2.80	3.70	3.75

表 3-2　2020 年样本描述性统计分析

描述性 指标	2020 年（有效样本 3 781）			
	生生互动	师生互动	学习策略	意志力
平均值＋标准差	3.22±0.62	2.52±0.69	3.39±0.58	3.31±0.62
最小/最大值	1/5	1/5	1/5	1/5
25 分位	3.00	2.00	3.00	3.00
50 分位	3.00	2.40	3.30	3.25
75 分位	3.67	3.00	3.80	3.75

由表 3-1 和表 3-2 可看出，2020 年问卷调查样本的四项投入指标的平均值和 75 分位数均高于（或等于）2019 年的数据。师生互动在四项指标中的平均值均为最低，未达到 3（满分5）。下面运用独立样本 t 检验和 ANOVA 单因素方差分析的方法分别从性别、民族、来源地、家庭背景、科类与学科及身心状态六个角度来分析 4 项投入指标的差异性。

（一）性别

表 3-3　不同性别学生的四项投入指标差异

学生 投入指标	2019 年			2020 年		
	男	女	t 值	男	女	t 值
生生互动	2.96±0.68	3.06±0.57	3.57***	3.13±0.69	3.25±0.59	5.38***
师生互动	2.41±0.75	2.26±0.61	−4.71***	2.58±0.74	2.50±0.67	−3.24***
学习策略	3.33±0.65	3.30±0.54	−0.91	3.33±0.66	3.42±0.53	4.01***
意志力	3.35±0.69	3.30±0.60	−1.90*	3.30±0.70	3.32±0.57	1.21

注：*** 显著性水平为 0.01，** 显著性水平为 0.05，* 显著性水平为 0.1。

由表 3-3 可知，两个年度的数据中，女生的生生互动得分均显著高于男生，但师生互动却显著低于男生。学习策略和意志力两项得分在不同年度出现了相反的结果，2019 年女生的学习策略得分低于男生且不具有显著性，但 2020 年女生的学习策略得分则显著高于男生；女生的意志力在 2019 年度显著低于男生，但 2020 年的得分却高于男生，但不具有统计学意义上的显著性。

（二）民族

表 3-4　汉族与少数民族学生的四项投入指标差异

学生 投入指标	2019 年			2020 年		
	汉族	少数民族	t 值	汉族	少数民族	t 值
生生互动	3.03±0.60	3.01±0.59	−0.56	3.24±0.62	3.04±0.63	−5.57***
师生互动	2.30±0.66	2.23±0.65	−1.61	2.54±0.69	2.39±0.66	−3.69***
学习策略	3.31±0.58	3.33±0.49	0.73	3.40±0.57	3.26±0.61	−4.24***
意志力	3.32±0.63	3.27±0.54	−1.28	3.33±0.61	3.21±0.66	−3.25***

注：*** 显著性水平为 0.01，** 显著性水平为 0.05，* 显著性水平为 0.1。

根据表 3-4 的统计，不同民族学生的 4 项投入指标在两个年度的差异表现不相同。2019 年度的数据显示，汉族与少数民族学生之间的 4 项投入指标均不存在显著差异，虽然其中 3 项指标少数民族学生得分要低于汉族学生，但 2020 年少数民族学生所有 4 项投入指标的得分均显著低于汉族学生。

（三）来源地（地区、城乡、类型）

表 3-5　不同地区学生的四项投入指标差异

学生投入指标	2019 年				2020 年			
	东部	中部	西部	F 值	东部	中部	西部	F 值
生生互动	3.04±0.60	3.08±0.67	2.98±0.57	2.78*	3.23±0.62	3.22±0.63	3.12±0.62	1.52
师生互动	2.31±0.65	2.30±0.67	2.24±0.65	2.55*	2.51±0.69	2.55±0.70	2.63±0.59	2.31*
学习策略	3.31±0.57	3.35±0.57	3.31±0.57	0.72	3.38±0.57	3.42±0.58	3.35±0.60	1.95
意志力	3.32±0.63	3.32±0.67	3.29±0.59	0.44	3.32±0.62	3.31±0.62	3.27±0.62	0.35

注：*** 显著性水平为 0.01，** 显著性水平为 0.05，* 显著性水平为 0.1。

由表 3-5 的 ANOVA 分析结果，东部、中部、西部学生在师生互动指标上存在较稳定的差异，根据 LSD 和塔姆黑尼多重比较的结果，主要是东部地区显著高于西部地区。在生生互动、学习策略、意志力指标上，东部和中部学生的得分高于西部学生的得分，但仅在 2019 年的生生互动指标上具有显著性。

表 3-6　城镇与农村学生的四项投入指标差异

学生投入指标	2019 年			2020 年		
	城镇	农村	t 值	城镇	农村	t 值
生生互动	3.06±0.61	2.99±0.59	−2.67***	3.25±0.63	3.17±0.60	−3.97***
师生互动	2.31±0.66	2.28±0.64	−0.84	2.55±0.71	2.47±0.64	−3.34***
学习策略	3.33±0.57	3.28±0.56	−2.03**	3.41±0.59	3.37±0.55	−2.01**
意志力	3.32±0.63	3.30±0.63	−0.51	3.33±0.62	3.29±0.61	−1.80*

注：*** 显著性水平为 0.01，** 显著性水平为 0.05，* 显著性水平为 0.1。

由表 3-6 可知，两个年度中农村学生的各项指标得分均低于城镇学生，其中 2020 年的四项投入指标差异具有显著性，2019 年仅生生互动和学习策略指标的差异具有显著性。

表 3-7　不同来源类型学生的四项投入指标差异

学生投入指标	2019 年			
	生生互动	师生互动	学习策略	意志力
省会城市	3.08±0.65	2.34±0.73	3.36±0.64	3.33±0.70
地级市	3.06±0.60	2.29±0.63	3.32±0.57	3.30±0.60
县级市	3.03±0.57	2.32±0.66	3.31±0.52	3.35±0.60
农村	2.95±0.61	2.24±0.64	3.22±0.58	3.26±0.65
F 值	4.49***	2.27*	4.93***	2.35*
学生投入指标	2020 年			
	生生互动	师生互动	学习策略	意志力
省会城市	3.21±0.63	2.58±0.70	3.38±0.61	3.31±0.62
地级市	3.26±0.63	2.55±0.72	3.42±0.57	3.33±0.63
县级市	3.23±0.60	2.52±0.68	3.40±0.56	3.33±0.61
农村	3.12±0.62	2.41±0.63	3.33±0.58	3.27±0.61
F 值	7.86***	7.02***	3.07**	1.42

注：*** 显著性水平为 0.01，** 显著性水平为 0.05，* 显著性水平为 0.1。

进一步对来自省会城市、地级市、县级市和农村四种类型的学生进行分析如表3-7①所示。主要结果是来源类型为农村的学生在各项指标上显著低于其他类型学生,如2019年的生生互动指标,农村学生比省会城市、地级市、县级市学生显著低0.13、0.11和0.08,2020年师生互动指标,农村学生比省会城市、地级市、县级市学生分别显著低0.17、0.14和0.11。

(四)家庭背景(经济状态、父母受教育水平)

表3-8 不同经济状态学生的四项投入指标差异

学生投入指标	2019年			2020年		
	贫困	非贫困	t值	贫困	非贫困	t值
生生互动	2.94±0.54	3.05±0.61	3.12***	3.15±0.62	3.23±0.62	2.42**
师生互动	2.21±0.60	2.31±0.66	2.59***	2.51±0.65	2.53±0.70	0.32
学习策略	3.27±0.53	3.32±0.58	1.44	3.37±0.57	3.40±0.57	0.93
意 志 力	3.25±0.60	3.32±0.63	2.06**	3.31±0.60	3.32±0.62	0.24

注:*** 显著性水平为0.01,** 显著性水平为0.05,* 显著性水平为0.1。

由表3-8可知,贫困学生的四项投入指标平均值均低于非贫困学生,生生互动指标在两个年度的均存在显著差异,学习策略指标在两个年度均不存在显著差异。

表3-9 父亲受教育水平不同学生的四项投入指标差异

学生投入指标	2019年			
	生生互动	师生互动	学习策略	意 志 力
本科及以上	3.12±0.64	2.42±0.72	3.42±0.63	3.38±0.65
大专	3.07±0.59	2.26±0.65	3.32±0.54	3.28±0.61
中专或高中	3.01±0.57	2.32±0.61	3.30±0.53	3.33±0.59
初中及以下	2.95±0.60	2.18±0.63	3.21±0.56	3.24±0.64
F值	9.26***	15.77***	15.22***	6.67***
学生投入指标	2020年			
	生生互动	师生互动	学习策略	意 志 力
本科及以上	3.23±0.68	2.59±0.76	3.42±0.64	3.34±0.68
大专	3.24±0.63	2.52±0.71	3.39±0.57	3.32±0.62
中专或高中	3.24±0.58	2.56±0.66	3.40±0.54	3.31±0.58
初中及以下	3.18±0.59	2.43±0.62	3.37±0.55	3.30±0.59
F值	2.41*	10.70***	1.25	1.09

注:*** 显著性水平为0.01,** 显著性水平为0.05,* 显著性水平为0.1。

由表3-9可知,父亲受教育水平不同学生的四项投入指标在2019年度均存在显著差异,具体而言,根据多重比较的结果,父亲学历为本科及以上的学生,四项指标均显著高于

---

①表3-6中的城镇与农村的划分来自高考录取数据,表3-7中四种来源类型数据是由学生自行选择填写的,两者之间可能会存在一些差异。

其他学生。2020 年度的数据中,虽然父亲学历为本科及以上学生的各项指标均值(除生生互动外)高于其他类型学生,但仅在两项指标上存在显著性。

表 3-10   母亲受教育水平不同学生的四项投入指标差异

学生 投入指标	2019 年			
	生生互动	师生互动	学习策略	意志力
本科及以上	3.12±0.66	2.46±0.75	3.44±0.65	3.38±0.68
大专	3.07±0.59	2.33±0.62	3.31±0.52	3.31±0.60
中专或高中	3.02±0.59	2.29±0.62	3.33±0.55	3.33±0.61
初中及以下	2.98±0.58	2.20±0.64	3.23±0.56	3.26±0.62
F 值	7.23***	16.78***	15.59***	4.11***
学生 投入指标	2020 年			
	生生互动	师生互动	学习策略	意志力
本科及以上	3.26±0.68	2.67±0.77	3.45±0.64	3.39±0.68
大专	3.23±0.63	2.52±0.70	3.42±0.57	3.34±0.58
中专或高中	3.24±0.60	2.54±0.68	3.38±0.57	3.29±0.60
初中及以下	3.18±0.59	2.43±0.63	3.36±0.55	3.29±0.61
F 值	3.39**	18.77***	3.62**	5.33***

注:*** 显著性水平为 0.01,** 显著性水平为 0.05,* 显著性水平为 0.1。

根据表 3-10 的结果,母亲受教育水平不同学生之间的四项投入指标差异较为显著且稳定。多重比较的结果表明,母亲受教育水平为本科及以上的学生,在两个年度所有指标上均显著高于母亲受教育水平为初中及以下的学生。相对于父亲受教育水平,母亲受教育水平对学生投入的影响更显著。

(五)科类与学科

表 3-11   不同科类学生的四项投入指标差异

学生 投入指标	2019 年			2020 年			
	文科	理科	t 值	文科	理科	综合	F 值
生生互动	3.03±0.60	3.04±0.61	0.65	3.22±0.63	3.23±0.62	3.18±0.62	1.52
师生互动	2.30±0.64	2.29±0.67	−0.36	2.55±0.70	2.51±0.69	2.63±0.59	2.32*
学习策略	3.31±0.55	3.31±0.59	0.21	3.42±0.58	3.38±0.57	3.35±0.60	1.95
意 志 力	3.26±0.60	3.33±0.64	1.89*	3.31±0.62	3.32±0.62	3.27±0.62	0.35

注:*** 显著性水平为 0.01,** 显著性水平为 0.05,* 显著性水平为 0.1。

表 3-11 列出了不同高考科类学生的投入指标差异,可以发现,两个年度的各项指标的均值差异均较小,仅有两处出现了统计学意义上的在 0.1 水平显著性,所以可以认为科类对学生投入的影响较小。

表 3-12　不同学科学生的四项投入指标差异

学生投入指标	2019 年			
	生生互动	师生互动	学习策略	意 志 力
经济学	2.98±0.62	2.20±0.65	3.24±0.58	3.26±0.63
管理学	3.06±0.60	2.33±0.65	3.34±0.57	3.33±0.62
法学	3.01±0.56	2.32±0.63	3.36±0.52	3.30±0.62
文学	3.08±0.64	2.37±0.72	3.37±0.58	3.33±0.66
理学	3.07±0.66	2.18±0.70	3.20±0.68	3.36±0.73
工学	2.94±0.63	2.38±0.68	3.24±0.65	3.31±0.63
F 值	2.20*	4.89***	3.90***	1.90*
学生投入指标	2020 年			
	生生互动	师生互动	学习策略	意 志 力
经济学	3.16±0.62	2.47±0.70	3.37±0.58	3.28±0.62
管理学	3.26±0.62	2.56±0.69	3.39±0.57	3.34±0.62
法学	3.17±0.64	2.48±0.69	3.48±0.61	3.34±0.64
文学	3.23±0.54	2.70±0.60	3.54±0.45	3.23±0.47
理学	3.27±0.63	2.44±0.60	3.29±0.53	3.28±0.55
工学	3.22±0.62	2.49±0.70	3.35±0.57	3.31±0.60
F 值	4.08***	3.83***	3.59***	1.53

注：*** 显著性水平为 0.01，** 显著性水平为 0.05，* 显著性水平为 0.1。

表 3-12 对于不同学科学生的四项投入指标分析显示的差异性的较稳定的存在。多重比较的结果表明，文学类学生的互动指标相对较高，理学类学生的学习策略指标相对低些。总体而言，不同学科学生的四项投入指标存在着统计学意义上显著但较小的差异。

（六）身心状态（BMI、心理预警状态）

表 3-13　不同 BMI 得分学生的四项投入指标差异

学生投入指标	2019 年			
	生生互动	师生互动	学习策略	意 志 力
BMI＝60	2.92±0.63	2.27±0.59	3.34±0.50	3.25±0.61
BMI＝80	3.06±0.67	2.34±0.77	3.32±0.64	3.34±0.68
BMI＝100	3.04±0.59	2.29±0.65	3.32±0.56	3.31±0.62
F 值	1.16	0.88	0.03	0.47
学生投入指标	2020 年			
	生生互动	师生互动	学习策略	意 志 力
BMI＝60	3.14±0.75	2.48±0.75	3.44±0.68	3.38±0.73
BMI＝80	3.22±0.60	2.55±0.65	3.39±0.55	3.32±0.61
BMI＝100	3.22±0.62	2.52±0.69	3.39±0.58	3.32±0.61
F 值	1.01	0.96	0.38	0.51

注：*** 显著性水平为 0.01，** 显著性水平为 0.05，* 显著性水平为 0.1。

身体质量指数（BMI）包括三种 60、80 和 100 三种类型，2019 年样本中三种类型学生比例分别为 2.5％、15.5％和 82.0％,2020 年样本中三种类型学生的比例分别为 2.9％、17.7％和 79.4％。对 BMI 得分不同的学生的四项投入指标差异进行单因素方差分析,结果显示不同 BMI 得分学生之间的四项投入指标均不存在显著的差异,具体数据如表 3-13 所示。

表 3-14　不同心理预警类型学生的四项投入指标差异

学生	2019 年			
投入指标	生生互动	师生互动	学习策略	意　志　力
蓝色	3.07±0.59	2.31±0.65	3.34±0.58	3.37±0.62
黄色	3.01±0.60	2.30±0.66	3.29±0.56	3.28±0.62
橙色	2.99±0.61	2.27±0.66	3.27±0.55	3.16±0.60
红色	2.85±0.69	2.19±0.65	3.21±0.61	3.14±0.67
F 值	5.75***	1.28	3.53**	12.04***
学生	2020 年			
投入指标	生生互动	师生互动	学习策略	意　志　力
蓝色	3.28±0.59	2.57±0.66	3.42±0.56	3.39±0.60
黄色	3.19±0.62	2.48±0.70	3.39±0.57	3.30±0.60
橙色	3.18±0.67	2.49±0.72	3.35±0.59	3.18±0.65
红色	3.09±0.67	2.47±0.73	3.30±0.62	3.13±0.64
F 值	10.11***	5.47***	4.12***	26.31***

注:*** 显著性水平为 0.01,** 显著性水平为 0.05,* 显著性水平为 0.1。

学生心理预警状态通过专业问卷进行测试,结果以蓝色、黄色、橙色和红色方式体现,2019 年样本中四种预警类型学生占比分别为 52.0％、36.1％、8.3％和 3.6％,2020 年样本中占比分别为 43.3％、35.6％、14.3％和 6.8％。根据表 3-14 的结果,不同心理预警类型学生之间的四项投入指标存在着显著性差异,心理预警为红色的学生,在各项指标上都显著低于心理预警状态蓝色和黄色的学生,这说明心理预警状态能够导致学生投入的差异。

二、学情调查问卷量化投入指标的差异分析

学情调查问卷中有 7 项涉及学生投入的量化指标问题,学生分别在参与的时间或次数中进行选择,具体如下。

1.本学年,你平均每周(七日)课内外学习时间

20 小时及以下/20～30 小时/31～40 小时/41～50 小时/51～60 小时/61～70 小时/71～80 小时/80 小时以上

2.本学年,你平均每周(七日)参加课外活动的时间(社团、文体活动等)

0/1～10 小时/11～20 小时/21～30 小时/31～40 小时/40 小时以上

3.本学年,你平均每周(七日)校内外兼职打工的时间

0/1～10 小时/11～20 小时/21～30 小时/31～40 小时/40 小时以上

4.本学年,你平均每周(七日)休闲娱乐的时间(看电影、打游戏等)

0/1～10 小时/11～20 小时/21～30 小时/31～40 小时/40 小时以上

5.本学年,你在课堂或其他场合做口头报告或公开演讲的数量

0/1～2 次/3～4 次/5～6 次/7～8 次/8 次以上

6.本学年,你撰写论文或报告的数量

0/1～2 篇/3～4 篇/5～6 篇/6 篇以上

7.到目前为止,你参加实习、社会实践活动的次数

0/1 次/2 次/3 次/4 次/5 次/6 次/7 次/8 次/8 次以上

为方便,将这 7 项问题统称为量化指标,分别以总体学习、课外活动、兼职打工、休闲娱乐、演讲报告、论文报告、实习实践来代替,表 3-15 和表 3-16 分别给出了两年样本数据的基本统计结果。

表 3-15 2019 年样本描述性统计分析

描述性统计	2019 年(有效样本 2 667)						
	总体学习	课外活动	兼职打工	休闲娱乐	演讲报告	论文报告	实习实践
平均值	3.76±1.91	2.09±0.76	1.32±0.77	2.95±1.03	2.28±1.03	2.46±0.91	4.28±2.01
范围	1～8	1～6	1～6	1～6	1～6	1～5	1～10
25 分位	2	2	1	2	2	2	3
50 分位	4	2	1	3	2	2	4
75 分位	5	2	1	4	3	3	5

表 3-16 2020 年样本描述性统计分析

描述性统计结果	2020 年(有效样本 3 781)						
	总体学习	课外活动	兼职打工	休闲娱乐	演讲报告	论文报告	实习实践
平均值	3.54±1.66	2.26±0.78	1.34±0.76	3.10±1.02	2.13±1.05	2.92±1.04	4.09±1.92
范围	1－8	1－6	1－6	1－6	1－6	1－5	1－10
25 分位	2	2	1	2	1	2	3
50 分位	3	2	1	3	2	3	4
75 分位	5	3	1	4	3	3	5

根据描述性统计分析的数据,A 大学学生每周平均课内外的学习时间超过 40 小时,课外活动时间超过 10 小时,兼职打工时间低于 10 小时,休闲娱乐时间超过 20 小时,每学年在课堂或其他场合做口头报告或公开演讲超过 2 次,撰写论文或报告超过 2 篇,参加实习、社会实践活动超过 3 次。下面运用独立样本 t 检验和 ANOVA 单因素方差分析的方法分别从性别、民族、来源地、家庭背景、科类与学科以及身心状态六个角度来分析量化投入指标的差异性。

（一）性别

表 3-17　不同性别学生的量化投入指标差异

学生投入指标	2019 年			2020 年		
	男	女	t 值	男	女	t 值
总体学习	3.94±2.09	3.70±1.83	−2.73***	3.67±1.80	3.49±1.59	−2.96***
课外活动	2.20±0.93	2.05±0.68	−3.92***	2.42±0.96	2.19±0.68	−7.46***
兼职打工	1.41±0.94	1.28±0.69	−3.36***	1.43±0.92	1.30±0.68	−4.28***
休闲娱乐	2.89±1.09	2.97±1.01	1.56	3.11±1.11	3.10±0.97	−0.12
演讲报告	2.33±1.18	2.26±0.97	−1.45	2.19±1.17	2.11±0.99	−2.10**
论文报告	2.39±0.93	2.48±0.90	2.35**	2.84±1.01	2.95±1.05	3.05***
实习实践	4.29±2.31	4.28±1.96	−0.14	4.15±2.01	4.07±1.88	−1.17

注：*** 显著性水平为 0.01，** 显著性水平为 0.05，* 显著性水平为 0.1。

　　由表 3-17 的数据可知，女生在总体学习时间、课外活动时间和兼职打工时间三个量化投入指标上显著低于男生，在论文报告次数上显著高于男生，其他三项指标基本不存在显著差异，但除 2019 年的休闲娱乐时间外，女生投入指标均低于男生。

（二）民族

表 3-18　汉族和少数民族学生的量化投入指标差异

学生投入指标	2019 年			2020 年		
	汉族	少数民族	t 值	汉族	少数民族	t 值
总体学习	3.75±1.92	3.89±1.84	1.00	3.56±1.65	3.40±1.63	−1.60
课外活动	2.09±0.74	2.17±0.89	1.31	2.25±0.78	2.31±0.83	1.27
兼职打工	1.31±0.75	1.45±0.93	2.19**	1.32±0.75	1.50±0.84	3.56***
休闲娱乐	2.95±1.03	2.94±1.11	−0.12	3.11±1.01	2.96±1.09	−2.56**
演讲报告	2.28±1.03	2.22±1.02	−0.80	2.14±1.05	2.01±1.03	−2.24**
论文报告	2.45±0.91	2.52±0.91	1.01	2.92±1.04	2.91±1.01	−0.12
实习实践	4.25±1.99	4.63±2.20	2.37**	4.10±1.92	3.96±1.89	−1.32

注：*** 显著性水平为 0.01，** 显著性水平为 0.05，* 显著性水平为 0.1。

　　根据表 3-18 可知，汉族与少数民族学生量化投入指标的较稳定的差异主要在兼职打工时间上，少数民族学生显著高于汉族学生。其他指标在两个年度呈现出不同的结果，比如总体学习时间，2019 年少数民族学生高于汉族学生，2020 年汉族学生则高于少数民族学生，但均不具有统计学意义上的显著性。

(三)来源地(地区、城乡、类型)

表 3-19   不同地区学生的量化投入指标差异

学生投入指标	2019 年			
	东部	中部	西部	F 值
总体学习	3.70±1.90	4.14±1.96	3.75±1.91	7.11***
课外活动	2.07±0.73	2.22±0.89	2.10±0.76	5.35***
兼职打工	1.28±0.73	1.47±0.93	1.38±0.79	10.04***
休闲娱乐	2.99±1.03	2.95±1.08	2.76±1.00	9.32***
演讲报告	2.30±1.04	2.31±1.03	2.14±0.99	4.75***
论文报告	2.46±0.91	2.42±0.83	2.47±0.96	0.28
实习实践	4.30±2.00	4.25±2.09	4.26±1.94	0.11
学生投入指标	2020 年			
	东部	中部	西部	F 值
总体学习	3.55±1.66	3.71±1.68	3.42±1.62	4.48**
课外活动	2.24±0.78	2.31±0.80	2.28±0.78	1.93
兼职打工	1.30±0.73	1.34±0.78	1.48±0.84	15.51***
休闲娱乐	3.12±1.01	3.09±0.99	3.05±1.06	1.15
演讲报告	2.18±1.09	2.15±0.98	1.95±0.90	13.58***
论文报告	2.95±1.05	2.84±1.01	2.87±1.03	3.10**
实习实践	4.16±1.98	3.87±1.71	3.98±1.82	6.12***

注:***显著性水平为 0.01,**显著性水平为 0.05,*显著性水平为 0.1。

表 3-19 列出了不同地区学生量化投入指标的 ANOVA 单因素方差分析结果,2019 年的数据显示在前五项指标中 F 值均具有显著性,在论文报告和实习实践两项指标上不存在差异。2020 年的数据则显示除但课外活动和休闲娱乐外的五项指标存在显著差异。根据多重比较可以得出量化投入指标差异的更加明晰的分析结果,如中部地区学生总体学习时间显著高于其他两个地区学生,西部地区学生在演讲报告次数上要显著低于其他两个地区的学生等。

表 3-20   城镇与农村学生的量化投入指标差异

学生投入指标	2019 年			2020 年		
	城镇	农村	t 值	城镇	农村	t 值
总体学习	3.78±1.90	3.72±1.93	−0.84	3.62±1.67	3.41±1.62	−3.63***
课外活动	2.10±0.79	2.07±0.69	−0.97	2.28±0.80	2.21±0.73	−2.63***
兼职打工	1.27±0.73	1.40±0.82	3.95***	1.28±0.73	1.43±0.80	5.67***
休闲娱乐	2.96±1.05	2.91±1.00	−1.18	3.11±1.00	3.09±1.05	−0.66
演讲报告	2.33±1.06	2.18±0.95	−3.55***	2.18±1.08	2.04±0.98	−4.20***
论文报告	2.49±0.92	2.39±0.88	−2.78***	2.95±1.04	2.85±1.04	−2.73***
实习实践	4.35±2.03	4.15±1.95	−2.54**	4.18±1.99	3.93±1.77	−4.04***

注:***显著性水平为 0.01,**显著性水平为 0.05,*显著性水平为 0.1。

由表 3-20 可知,农村学生除了兼职打工时间显著高于城镇学生,其他指标均低于城镇学生,两个年度在演讲报告次数、论文报告次数和实习实践次数三项指标上均具有显著性。

表 3-21　不同来源类型学生的量化投入指标差异

学生 投入指标	2019 年						
	总体 学习	课外 活动	兼职 打工	休闲 娱乐	演讲 报告	论文 报告	实习 实践
省会城市	3.78±1.94	2.11±0.89	1.26±0.76	2.97±1.13	2.36±1.12	2.55±1.02	4.29±2.03
地级市	3.73±1.88	2.08±0.74	1.27±0.73	2.98±1.02	2.28±0.97	2.46±0.87	4.31±1.98
县级市	3.69±1.84	2.10±0.68	1.30±0.73	2.90±1.00	2.30±1.03	2.45±0.90	4.36±2.03
农村	3.93±2.05	2.10±0.78	1.49±0.87	2.94±1.02	2.14±1.04	2.36±0.90	4.10±1.99
F 值	1.66	0.30	5.93***	1.08	4.10***	3.31**	1.73
学生 投入指标	2020 年						
	总体 学习	课外 活动	兼职 打工	休闲 娱乐	演讲 报告	论文 报告	实习 实践
省会城市	3.58±1.73	2.30±0.83	1.41±0.90	3.11±1.06	2.21±1.14	2.89±1.03	4.37±2.14
地级市	3.59±1.66	2.28±0.78	1.28±0.70	3.13±1.00	2.17±1.02	2.96±1.01	4.13±1.95
县级市	3.56±1.63	2.23±0.77	1.29±0.69	3.07±1.00	2.14±1.05	2.94±1.06	4.07±1.90
农村	3.37±1.62	2.21±0.75	1.51±0.83	3.08±1.07	1.95±0.98	2.82±1.06	3.76±1.57
F 值	2.54*	2.07	16.80***	0.82	7.66***	3.00**	10.59***

根据表 3-21 及 LSD 和塔姆黑尼多重比较分析,农村学生在兼职打工时间上要显著高于其他来源学生,但在演讲报告次数、论文报告数量上要显著低于其他来源学生。在课外活动时间、休闲娱乐时间上,不同来源类型学生之间没有显著的差异。

（四）家庭背景（经济状态、父母教育水平）

表 3-22　不同经济状态学生的量化投入指标差异

学生 投入指标	2019 年			2020 年		
	贫困	非贫困	t 值	贫困	非贫困	t 值
总体学习	3.84±1.97	3.75±1.90	−0.89	3.45±1.60	3.56±1.66	1.40
课外活动	2.06±0.64	2.10±0.77	0.95	2.27±0.77	2.25±0.78	−0.32
兼职打工	1.53±0.80	1.28±0.76	−5.50***	1.69±0.87	1.28±0.73	−9.83***
休闲娱乐	2.85±1.00	2.96±1.04	1.87*	2.98±1.00	3.12±1.02	2.93***
演讲报告	2.14±0.92	2.30±1.04	2.90***	2.04±0.96	2.15±1.06	2.25**
论文报告	2.34±0.84	2.47±0.92	2.73***	2.83±1.08	2.93±1.03	1.92*
实习实践	4.03±1.76	4.32±2.04	2.93***	3.81±1.54	4.13±1.97	4.20***

注:*** 显著性水平为 0.01,** 显著性水平为 0.05,* 显著性水平为 0.1。

除了总体学习时间和课外活动时间外,贫困学生与非贫困学生在其他五项量化投入指标上都存在显著差异,具体而言,贫困学生花费更多的时间在兼职打工上,而休闲娱乐时间以及报告与实践次数更少,具体结果如表 3-22 所示。

表 3-23　父亲受教育水平不同学生的量化投入指标差异

学生投入指标	2019 年						
	总体学习	课外活动	兼职打工	休闲娱乐	演讲报告	论文报告	实习实践
本科及以上	3.92±1.95	2.14±0.85	1.28±0.79	2.92±1.10	2.41±1.13	2.46±0.90	4.49±2.03
大专	3.68±1.89	2.09±0.76	1.23±0.68	2.93±0.97	2.28±1.06	2.52±0.95	4.33±1.96
中专或高中	3.74±1.88	2.10±0.71	1.31±0.72	2.95±1.01	2.24±0.93	2.47±0.88	4.29±1.98
初中及以下	3.69±1.92	2.05±0.72	1.43±0.83	2.98±1.04	2.18±1.00	2.39±0.93	4.04±2.02
F 值	2.20*	1.91	7.95***	0.44	6.17***	2.24*	5.76***
学生投入指标	2020 年						
	总体学习	课外活动	兼职打工	休闲娱乐	演讲报告	论文报告	实习实践
本科及以上	3.65±1.75	2.33±0.87	1.31±0.81	3.10±1.06	2.26±1.15	2.97±1.05	4.26±2.10
大专	3.53±1.66	2.26±0.80	1.26±0.67	3.17±1.03	2.11±1.00	2.89±1.01	4.09±1.81
中专或高中	3.59±1.62	2.24±0.72	1.32±0.74	3.08±0.95	2.15±1.01	2.90±1.02	4.08±1.89
初中及以下	3.40±1.59	2.19±0.74	1.43±0.78	3.09±1.03	2.00±0.98	2.90±1.07	3.93±1.81
F 值	4.02***	5.87***	7.78***	1.23	10.43***	1.11	5.22***

注:*** 显著性水平为 0.01,** 显著性水平为 0.05,* 显著性水平为 0.1。

父亲受教育水平对于学生量化投入也有较为稳定的影响。两年的数据都显示,在总体学习时间上,父亲受教育水平为本科及以上的学生要显著高于父亲受教育水平为初中及以下的学生,而在兼职打工时间上结果则相反。

表 3-24　母亲受教育水平不同学生的量化投入指标差异

学生投入指标	2019 年						
	总体学习	课外活动	兼职打工	休闲娱乐	演讲报告	论文报告	实习实践
本科及以上	3.94±2.02	2.16±0.93	1.28±0.79	2.92±1.13	2.43±1.19	2.48±0.93	4.53±2.12
大专	3.73±1.87	2.16±0.75	1.26±0.74	2.99±1.03	2.30±0.99	2.51±0.91	4.45±1.99
中专或高中	3.75±1.88	2.10±0.73	1.27±0.70	2.94±0.98	2.26±1.01	2.48±0.91	4.30±2.00
初中及以下	3.68±1.89	2.02±0.67	1.41±0.81	2.94±1.03	2.20±0.96	2.40±0.90	4.05±1.93
F 值	2.08*	5.38***	6.61***	0.41	5.52***	2.08*	7.76***
学生投入指标	2020 年						
	总体学习	课外活动	兼职打工	休闲娱乐	演讲报告	论文报告	实习实践
本科及以上	3.71±1.77	2.35±0.86	1.33±0.81	3.06±1.01	2.30±1.17	2.93±1.05	4.31±2.16
大专	3.49±1.62	2.30±0.79	1.27±0.69	3.14±1.04	2.17±1.03	2.95±1.02	4.16±1.93
中专或高中	3.64±1.64	2.28±0.76	1.31±.074	3.10±0.98	2.15±1.04	2.89±1.03	4.12±1.89
初中及以下	3.39±1.61	2.16±0.74	1.40±0.77	3.11±1.04	2.01±0.97	2.92±1.04	3.91±1.77
F 值	7.69***	10.93***	4.95***	0.73	12.70***	0.57	7.10***

母亲受教育水平对学生量化投入指标的影响与父亲受教育水平的影响作用相近,且更为稳定。母亲受教育水平为初中及以下的学生,在总体学习时间、课外活动时间、演讲

报告次数、实习实践次数四个量化投入指标上相对较低,而兼职打工时间相对较长。

(五)科类与学科

表 3-25　不同科类学生的量化投入指标差异

学生 投入指标	2019 年			2020 年			
	文科	理科	t 值	文科	理科	综合	F 值
总体学习	3.61±1.87	3.87±1.93	3.46***	3.50±1.68	3.56±1.64	3.69±1.72	0.94
课外活动	2.07±1.73	2.11±0.78	1.57	2.24±0.76	2.27±0.79	2.14±0.81	1.41
兼职打工	1.33±0.75	1.31±0.78	−0.64	1.38±0.80	1.31±0.73	1.36±0.88	2.97*
休闲娱乐	2.93±1.05	2.96±1.02	0.63	3.07±0.99	3.12±1.03	3.17±1.00	1.04
演讲报告	2.34±1.06	2.23±1.01	−2.83***	2.24±1.10	2.07±1.00	2.43±1.26	15.96***
论文报告	2.52±0.96	2.41±0.87	−3.05***	2.93±1.07	2.90±1.01	3.12±1.20	2.31*
实习实践	4.33±1.98	4.25±2.03	−0.97	4.21±1.98	4.02±1.87	4.40±2.13	5.60***

注:*** 显著性水平为 0.01,** 显著性水平为 0.05,* 显著性水平为 0.1。

根据表 3-25 的数据可知,两个年度中理科学生在总体学习时间、课外活动时间、休闲娱乐时间上的平均值要高于文科学生,在演讲报告次数、论文报告次数和实习实践次数上低于文科学生。2020 年综合类别考生在演讲报告、论文报告和实习实践次数上要显著高于文科和理科学生。

表 3-26　不同学科学生的量化投入指标差异

学生 投入指标	2019 年						
	总体 学习	课外 活动	兼职 打工	休闲 娱乐	演讲 报告	论文 报告	实习 实践
经济学	3.82±1.91	2.09±0.74	1.33±0.76	3.00±1.06	2.15±0.92	2.54±0.87	4.25±1.93
管理学	3.69±1.88	2.12±0.77	1.31±0.76	2.96±1.01	2.32±0.99	2.33±0.86	4.28±2.03
法学	4.04±1.99	2.02±0.70	1.24±0.65	2.73±0.97	2.08±1.05	2.61±0.97	4.55±2.18
文学	3.29±1.74	2.04±0.82	1.65±1.16	2.96±1.13	3.23±1.41	3.22±1.13	4.35±1.90
理学	3.97±2.20	2.16±0.97	1.31±0.78	3.22±1.26	2.17±1.20	2.55±0.92	3.66±1.69
工学	4.14±2.10	1.97±0.48	1.09±0.28	2.63±0.97	2.06±1.16	2.31±1.05	3.66±1.11
F 值	3.52***	1.30	5.30***	4.69***	24.09***	24.82***	2.97**
学生 投入指标	2020 年						
	总体 学习	课外 活动	兼职 打工	休闲 娱乐	演讲 报告	论文 报告	实习 实践
经济学	3.58±1.66	2.26±0.77	1.33±0.72	3.15±1.02	1.97±0.95	2.88±1.02	4.00±1.83
管理学	3.49±1.65	2.26±0.78	1.34±0.77	3.10±1.00	2.21±1.01	2.82±0.98	4.07±1.88
法学	3.77±1.69	2.21±0.77	1.30±0.78	3.00±1.05	2.03±1.04	3.28±1.22	4.54±2.27
文学	3.42±1.50	2.19±0.84	1.35±0.72	3.05±1.03	3.27±1.46	3.94±1.03	4.79±2.39
理学	3.69±1.60	2.24±0.70	1.34±0.85	3.10±1.04	2.10±0.97	2.78±0.80	3.66±1.86
工学	3.31±1.67	2.26±0.90	1.42±0.79	3.19±1.19	2.13±1.11	3.22±0.99	3.61±1.28
F 值	2.66**	0.37	0.59	1.48	27.58***	32.53***	9.32***

注:*** 显著性水平为 0.01,** 显著性水平为 0.05,* 显著性水平为 0.1。

不同学科学生量化投入指标的差异主要体现在总体学习时间和演讲报告、论文报告和实习实践次数等4项指标上,具体而言,文学学科学生在演讲报告、论文报告、实习实践等3项指标上显著高于其他学科学生;法学与理学学科学生的总体学习时间更高。

(六)身心状态(BMI、心理预警状态)

表 3-27　不同 BMI 得分学生的量化投入指标差异

描述性统计结果	2019 年						
	总体学习	课外活动	兼职打工	休闲娱乐	演讲报告	论文报告	实习实践
BMI=60	3.40±1.93	2.02±0.73	1.25±0.62	2.75±1.11	2.31±1.09	2.44±0.92	4.93±2.69
BMI=80	3.83±2.10	2.15±0.93	1.36±0.95	2.95±1.09	2.34±1.18	2.46±0.96	4.17±2.01
BMI=100	3.76±1.88	2.10±0.73	1.33±0.80	2.95±1.02	2.28±1.01	2.46±0.91	4.30±1.97
F 值	1.21	0.98	0.53	1.01	0.47	0.02	3.47**
描述性统计结果	2020 年						
	总体学习	课外活动	兼职打工	休闲娱乐	演讲报告	论文报告	实习实践
BMI=60	3.58±1.71	2.39±0.93	1.33±0.80	3.22±1.26	2.12±1.06	2.84±0.95	3.98±1.82
BMI=80	3.58±1.73	2.25±0.77	1.35±0.76	3.17±1.03	2.17±1.11	2.93±1.04	4.10±1.95
BMI=100	3.53±1.64	2.25±0.78	1.33±0.76	3.08±1.00	2.12±1.03	2.91±1.04	4.09±1.92
F 值	0.22	1.74	0.09	2.56*	0.65	0.32	0.19

注:***显著性水平为 0.01,**显著性水平为 0.05,*显著性水平为 0.1。

根据表 3-27 的结果,不同 BMI 得分学生的大部分量化投入指标不存在显著的差异,仅在 2019 年样本的实习实践和 2020 年样本的休闲娱乐两项指标存在着统计学意义上的显著差异。

表 3-28　不同心理预警类型学生的量化投入指标差异

学生投入指标	2019 年						
	总体学习	课外活动	兼职打工	休闲娱乐	演讲报告	论文报告	实习实践
蓝色	3.88±1.92	2.14±0.78	1.32±0.80	2.91±1.01	2.30±1.04	2.48±0.94	4.26±2.00
黄色	3.69±1.89	2.06±0.73	1.30±0.72	2.97±1.04	2.28±1.00	2.45±0.86	4.41±2.07
橙色	3.49±1.78	2.05±0.76	1.37±0.73	3.00±1.09	2.14±0.96	2.39±0.91	4.11±1.78
红色	3.56±1.99	1.91±0.69	1.32±0.67	3.09±1.17	2.13±1.01	2.36±0.93	3.86±1.71
F 值	4.19***	4.31***	0.49	1.60	2.39*	1.04	3.19**
学生投入指标	2020 年						
	总体学习	课外活动	兼职打工	休闲娱乐	演讲报告	论文报告	实习实践
蓝色	3.66±1.64	2.28±0.78	1.29±0.70	3.05±1.02	2.21±1.07	2.91±1.01	4.11±1.84
黄色	3.54±1.63	2.25±0.78	1.33±0.76	3.15±1.00	2.08±0.99	2.92±1.04	4.07±1.95
橙色	3.33±1.70	2.19±0.75	1.40±0.83	3.13±1.06	2.04±0.99	2.96±1.12	4.03±1.97

学生 投入指标	2020 年						
	总体 学习	课外 活动	兼职 打工	休闲 娱乐	演讲 报告	论文 报告	实习 实践
红色	3.38±1.71	2.21±.078	1.44±0.83	3.10±1.01	1.99±1.07	2.86±1.03	4.13±2.07
F 值	6.20***	1.97	5.03***	2.22*	6.90***	0.53	0.30

注：*** 显著性水平为 0.01，** 显著性水平为 0.05，* 显著性水平为 0.1。

根据表 3-28 可知，心理预警状态为红色的学生在总体学习投入时间和演讲报告次数方面显著低于蓝色和黄色学生。其他几项指标在两个年度样本中存在着不同的差异，如 2020 年样本中兼职打工时间存在显著差异，但 2019 年样本则不存在显著差异。

三、第二课堂投入指标的差异分析

A 大学第二课堂投入数据包括学生入校以来的学术讲座、志愿服务、思想成长、社会实践、文化活动和其他活动六个方面的活动记录，分别用时长或次数来计数①。表 3-29 和表 3-30 分别列出了两个年度数据的描述性统计分析结果，可以注意到，社会实践指标的均值较低，主要原因是平台主要记录了学生在校内的实践活动次数。为保证研究的完整性，虽然该项指标值较低，我们仍将其纳入后续的差异分析范畴。下面分别使用独立样本 t 检验和 ANOVA 单因素方差分析的方法从性别、民族、来源地、家庭背景、科类与学科以及身心状态六个角度来分析第二课堂投入指标的差异性。

表 3-29　2019 年样本描述性统计分析

描述性 统计	2019 年（有效样本 2667）					
	学术讲座	志愿服务	思想成长	社会实践	文化活动	其他活动
平均值	13.72±8.34	12.03±8.29	2.21±3.91	0.39±0.67	9.21±8.31	12.79±20.40
范围	0～53	0～55	0～48	0～5	0～90	0～165
25 分位	7	6	0	0	4	4
50 分位	14	11	1	0	7	6
75 分位	19	17	3	1	12	12

表 3-30　2020 年样本描述性统计分析

描述性 统计	2020 年（有效样本 3781）					
	学术讲座	志愿服务	思想成长	社会实践	文化活动	其他活动
平均值	12.71±7.68	11.70±7.94	4.12±5.71	0.33±1.06	7.58±8.18	7.95±10.28
范围	0～62	0～60	0～52	0～10	0～98	0～71
25 分位	7	6	1	0	2	2

①2019 年样本为 2016 级学生从 2016 年 9 月至 2019 年 12 月的第二课堂投入数据，2020 年样本为 2017 级学生从 2017 年 9 月至 2019 年 12 月的数据，因 2020 年新冠疫情暴发，学生半年未返回学校，第二课堂活动均未开展和记录，故 2017 级学生的相关指标可能会低于 2016 级学生。

描述性统计	2020 年(有效样本 3781)					
	学术讲座	志愿服务	思想成长	社会实践	文化活动	其他活动
50 分位	12	11	2	0	5	4
75 分位	17	16	5	0	10	10

(一)性别

表 3-31　不同性别学生的第二课堂投入指标差异

学生投入指标	2019 年			2020 年		
	男	女	t 值	男	女	t 值
学术讲座	8.56±7.06	15.62±7.96	22.10***	8.08±6.98	14.70±7.09	26.49***
志愿服务	7.26±7.20	13.79±7.97	20.17***	7.34±6.88	13.59±7.61	24.82***
思想成长	1.62±3.00	2.43±4.17	5.51***	3.67±5.38	4.31±5.83	3.30***
社会实践	0.33±0.62	0.41±0.69	2.92***	0.25±0.83	0.36±1.14	3.44***
文化活动	7.36±8.07	9.90±8.30	7.15***	5.87±7.15	8.32±8.48	9.12***
其他活动	10.25±16.29	13.72±21.64	4.45***	6.30±8.71	8.66±10.81	7.10***

注:*** 显著性水平为 0.01,** 显著性水平为 0.05,* 显著性水平为 0.1。

由表 3-31 可知,女生在各项第二课堂投入指标上均显著高于男生,且两年的结果呈现一致,其中差异最大的是学术讲座和志愿服务,两年的数据显示,女生参与学术讲座和志愿服务的次数和时长几乎都是男生的两倍,在文化活动和其他活动投入的时长也超过1.3倍。

(二)民族

表 3-32　汉族和少数民族学生的第二课堂投入指标差异

学生投入指标	2019 年			2020 年		
	汉族	少数民族	t 值	汉族	少数民族	t 值
学术讲座	13.69±8.37	14.06±8.00	0.615	12.84±7.76	11.24±6.56	-4.08***
志愿服务	12.00±8.27	12.43±8.53	0.730	11.82±7.97	10.38±7.44	-3.10***
思想成长	2.23±4.00	2.06±2.64	-0.60	4.19±5.84	3.31±3.79	-3.74***
社会实践	0.39±0.66	0.43±0.72	0.77	0.33±1.07	0.25±0.89	-1.60
文化活动	9.25±8.38	8.84±7.53	-0.68	7.62±8.17	7.22±8.29	-0.81
其他活动	12.69±20.07	13.98±23.94	0.88	7.93±10.21	8.12±10.98	0.32

注:*** 显著性水平为 0.01,** 显著性水平为 0.05,* 显著性水平为 0.1。

根据表 3-32 的独立样本 t 检验结果,2019 年样本中,汉族与少数民族学生在第二课堂投入各项指标中均不存在显著差异,但在 2020 年样本中,少数民族学生在学术讲座、志愿服务和思想成长三项指标上显著低于汉族学生,其他三项指标则不存在显著差异。

（三）来源地（地区、城乡、类型）

表 3-33　不同地区学生的第二课堂投入指标差异

学生 投入指标	2019 年			
	东部	中部	西部	F 值
学术讲座	13.23±8.33	14.94±8.20	14.95±8.25	11.60***
志愿服务	11.45±8.06	13.93±9.03	13.19±8.40	17.37***
思想成长	2.25±4.23	2.21±3.31	2.05±2.69	0.49
社会实践	0.37±0.66	0.47±0.69	0.42±0.70	3.39**
文化活动	9.30±8.85	9.66±7.40	8.54±6.29	2.01
其他活动	12.20±19.44	15.68±24.87	13.29±20.84	4.01**
学生 投入指标	2020 年			
	东部	中部	西部	F 值
学术讲座	12.57±7.72	14.37±7.67	12.09±7.39	13.71***
志愿服务	11.53±8.02	12.96±7.67	11.51±7.76	6.69***
思想成长	4.17±6.05	4.20±4.89	3.87±4.81	0.83
社会实践	0.28±0.92	0.52±1.46	0.36±1.21	10.43***
文化活动	7.19±7.64	9.06±8.98	8.07±9.38	12.03***
其他活动	7.35±9.38	9.98±11.41	8.83±11.20	16.31***

注：*** 显著性水平为 0.01，** 显著性水平为 0.05，* 显著性水平为 0.1。

对两个年度不同地区学生之间的第二课堂投入指标进行 ANOVA 分析，结果如表 3-33 所示。不同地区学生在学术讲座、志愿服务、社会实践和其他活动之间均存在显著差异，多重比较结果显示，东部地区学生的第二课堂投入要显著低于中部地区学生，部分指标上还低于西部地区学生。

表 3-34　城镇与农村学生的第二课堂投入指标差异

学生 投入指标	2019 年			2020 年		
	城镇	农村	t 值	城镇	农村	t 值
学术讲座	13.27±8.31	14.57±8.33	3.82***	12.38±7.83	13.33±7.36	3.63***
志愿服务	11.70±8.25	12.67±8.32	2.87***	11.21±7.95	12.64±7.83	5.31***
思想成长	2.22±4.06	2.20±3.60	−0.10	3.90±5.55	4.53±5.96	3.15***
社会实践	0.39±0.66	0.39±0.68	−0.02	0.31±1.00	0.36±1.16	1.32
文化活动	8.88±8.07	9.86±8.73	2.88***	7.45±8.22	7.83±8.10	1.38
其他活动	12.88±20.11	12.61±20.95	−0.32	7.77±10.27	8.28±10.29	1.44

注：*** 显著性水平为 0.01，** 显著性水平为 0.05，* 显著性水平为 0.1。

由表 3-34 可知，农村学生在参与学术讲座和志愿服务的次数上要显著高于城镇学生，平均参加文化活动次数也要高于城镇学生，但在 2020 年样本中不存在显著性。

表 3-35　不同来源类型学生的第二课堂投入指标差异

学生 投入指标	2019 年					
	学术讲座	志愿服务	思想成长	社会实践	文化活动	其他活动
省会城市	12.18±8.01	10.74±7.87	2.34±4.04	0.36±0.62	9.04±8.54	12.18±18.02
地级市	13.18±8.38	11.43±8.24	2.08±3.75	0.39±0.65	8.91±8.00	13.50±21.86
县级市	14.27±8.36	12.45±8.16	2.27±4.25	0.41±0.70	9.53±9.27	12.58±20.11
农村	15.35±8.18	13.76±8.65	2.27±3.50	0.40±0.70	9.47±6.94	12.22±19.81
F 值	13.65***	12.87***	0.64	0.70	1.02	0.68
学生 投入指标	2020 年					
	学术讲座	志愿服务	思想成长	社会实践	文化活动	其他活动
省会城市	11.39±7.44	10.48±7.89	3.43±4.51	0.31±1.14	6.77±7.31	7.04±9.39
地级市	12.62±7.71	11.47±7.79	4.00±5.87	0.35±1.09	7.74±8.71	7.76±10.08
县级市	13.19±7.76	12.11±7.99	4.46±5.98	0.32±1.00	7.77±8.00	8.25±10.68
农村	13.27±7.58	12.64±8.04	4.37±5.81	0.32±1.03	7.69±8.14	8.69±10.68
F 值	8.86***	9.19***	5.07***	0.30	2.42*	3.15**

注：*** 显著性水平为 0.01，** 显著性水平为 0.05，* 显著性水平为 0.1。

从表 3-35 的数据可以发现，与表 3-34 的结果类似，农村学生在学术讲座、志愿服务上投入的时间要显著高于其他类型的学生，而来自省会城市的学生似乎更少地参与学术讲座和志愿服务。2020 年样本中，来自省会城市（或直辖市）的学生参与文化活动和其他活动的时间或次数也显著低于其他来源类型的学生。

（四）家庭背景（经济状态、父母教育水平）

表 3-36　不同经济状态学生的第二投入指标差异

学生 投入指标	2019 年			2020 年		
	贫困	非贫困	t 值	贫困	非贫困	t 值
学术讲座	16.76±8.14	13.24±8.27	−7.52***	14.67±7.51	12.41±7.67	−6.16***
志愿服务	16.55±8.78	11.33±7.98	−11.38***	14.57±8.32	11.27±7.79	−8.77***
思想成长	2.32±3.91	2.20±3.91	−0.54	4.81±6.41	4.01±5.58	−2.64***
社会实践	0.43±0.67	0.39±0.67	−0.99	0.50±1.44	0.30±0.99	−3.04***
文化活动	9.66±6.54	9.14±8.55	−1.09	9.83±9.48	7.24±7.91	−5.81***
其他活动	12.98±21.04	12.76±20.30	−0.19	11.09±12.49	7.47±9.81	−6.19***

注：*** 显著性水平为 0.01，** 显著性水平为 0.05，* 显著性水平为 0.1。

根据表 3-36 的分析结果，贫困学生在第二课堂投入六个指标中的平均值均高于非贫困学生，在 2019 年样本中，学术讲座和志愿服务两项指标存在显著差异，在 2020 年样本中的所有指标均存在显著差异。从这个结果来看，贫困学生将更多的精力投入到了校内第二课堂。

表 3-37 父亲受教育水平不同学生的第二课堂投入指标差异

学生 投入指标	2019 年					
	学术讲座	志愿服务	思想成长	社会实践	文化活动	其他活动
本科及以上	13.03±8.14	11.44±8.17	2.14±4.24	0.39±0.67	8.62±7.40	12.31±18.27
大专	13.22±8.51	11.53±8.31	2.31±3.64	0.43±0.70	9.57±10.35	14.50±24.73
中专或高中	13.95±8.42	11.88±8.06	2.17±3.71	0.40±0.68	9.05±7.1	12.66±19.79
初中及以下	14.45±8.26	13.14±8.56	2.27±3.98	0.36±0.63	9.74±8.88	12.24±19.80
F 值	4.12***	5.96***	0.26	1.10	2.51*	1.41
学生 投入指标	2020 年					
	学术讲座	志愿服务	思想成长	社会实践	文化活动	其他活动
本科及以上	11.90±7.91	10.45±7.62	3.70±5.58	0.29±1.00	7.05±8.28	7.15±9.63
大专	12.64±7.75	11.25±7.94	4.09±5.45	0.33±1.06	7.41±7.77	7.81±9.94
中专或高中	12.90±7.59	12.20±7.95	4.13±5.70	0.36±1.08	7.70±8.05	8.01±10.34
初中及以下	13.38±7.43	12.77±8.05	4.55±5.99	0.33±1.10	8.13±8.46	8.81±11.01
F 值	6.66***	16.86***	3.71**	0.65	3.14**	4.41***

注：*** 显著性水平为 0.01，** 显著性水平为 0.05，* 显著性水平为 0.1。

由表 3-37，父亲受教育水平不同的学生在第二课堂投入指标上也存在着差异性，具体而言，2020 年样本中除了社会实践外的五项指标均存在显著差异，2019 年样本中有学术讲座等三项指标存在着显著差异，父亲学历为初中以下的学生参与学术讲座和志愿服务的积极性要显著高于父亲学历为大专以上的学生。

表 3-38 母亲受教育水平不同学生的第二课堂投入指标差异

学生 投入指标	2019 年					
	学术讲座	志愿服务	思想成长	社会实践	文化活动	其他活动
本科及以上	12.95±8.16	11.31±8.34	2.13±3.94	0.40±0.65	8.13±6.68	13.25±21.01
大专	13.12±8.44	11.77±8.21	2.52±5.07	0.40±0.68	9.57±9.80	14.39±22.93
中专或高中	13.63±8.32	11.35±7.77	1.98±3.31	0.37±0.65	8.93±7.82	12.00±19.36
初中及以下	14.51±8.35	13.17±8.63	2.31±3.73	0.40±0.69	9.89±8.69	12.47±19.69
F 值	4.99***	9.08***	2.14*	0.31	5.42***	1.47
学生 投入指标	2020 年					
	学术讲座	志愿服务	思想成长	社会实践	文化活动	其他活动
本科及以上	11.31±7.52	10.18±7.69	3.54±5.25	0.30±1.07	7.41±8.89	7.81±10.36
大专	12.23±7.67	11.07±7.96	3.66±4.99	0.34±1.09	6.88±7.45	7.65±9.60
中专或高中	12.88±7.82	11.54±7.72	4.30±6.11	0.32±1.01	7.48±7.88	7.20±9.67
初中及以下	13.57±7.53	13.03±8.06	4.50±5.86	0.34±1.08	8.11±8.22	8.85±11.01
F 值	14.50***	22.52***	6.09***	0.31	3.50**	5.56***

注：*** 显著性水平为 0.01，** 显著性水平为 0.05，* 显著性水平为 0.1。

母亲受教育水平对学生第二课堂投入也有影响。根据表 3-38 的结果，母亲受教育水平不同学生在学术讲座、志愿服务、思想成长、文化活动等四个第二课堂投入指标上都存在着稳定的显著差异。进一步多重比较分析显示，母亲学历为本科及以上的学生在学术讲座、志愿服务和文化活动三项指标上都显著低于母亲学历为初中及以下的学生。

（五）科类与学科

表 3-39　不同科类学生的第二课堂投入指标差异

学生投入指标	2019 年			2020 年			
	文科	理科	t 值	文科	理科	综合	F 值
学术讲座	14.01±8.42	13.50±8.27	−1.55	12.97±7.41	12.66±7.84	10.79±6.78	4.04**
志愿服务	12.28±8.22	11.84±8.35	−1.35	11.76±7.73	11.76±8.09	9.84±6.60	2.99**
思想成长	2.64±4.70	1.89±3.15	−4.92***	3.65±4.47	4.41±6.26	3.02±4.76	9.33***
社会实践	0.40±0.66	0.39±0.68	−0.49	0.38±1.15	0.30±1.03	0.25±0.59	2.53*
文化活动	10.48±9.83	8.27±6.81	−6.87***	8.04±8.57	7.37±8.02	7.07±6.65	3.00**
其他活动	14.26±22.90	11.69±18.23	−3.12***	8.63±11.11	7.70±9.93	5.67±6.77	6.08***

注：*** 显著性水平为 0.01，** 显著性水平为 0.05，* 显著性水平为 0.1。

通过对不同科类学生第二课堂投入指标的独立样本 t 检验和单因素方差分析 ANO-VA，我们可以发现，2019 年样本中，理科学生在各项指标的均值都低于文科学生，且在思想成长等三项指标上具有显著性；2020 年样本中，综合类的学生在各项指标上均低于文科和理科学生，且均具有显著性，具体结果如表 3-39 所示。

表 3-40　不同学科学生的第二课堂投入指标差异

学生投入指标	2019 年					
	学术讲座	志愿服务	思想成长	社会实践	文化活动	其他活动
经济学	13.91±8.24	12.58±8.64	2.02±2.71	0.40±0.66	8.87±6.92	14.23±19.34
管理学	13.30±7.99	11.54±7.79	2.40±4.53	0.40±0.69	8.59±7.21	13.23±22.97
法学	16.83±9.82	14.18±9.40	1.55±2.36	0.37±0.61	9.99±6.53	8.11±5.31
文学	10.34±7.63	9.52±7.54	3.25±4.98	0.30±0.59	21.97±19.98	16.56±21.84
理学	14.31±6.99	12.97±9.03	0.86±1.72	0.33±0.57	3.98±4.30	4.74±5.37
工学	9.63±6.46	8.63±7.15	3.31±4.32	0.51±0.90	6.86±3.84	7.69±5.28
F 值	14.73***	9.02***	6.18***	0.86	62.63***	7.04***
学生投入指标	2020 年					
	学术讲座	志愿服务	思想成长	社会实践	文化活动	其他活动
经济学	12.07±7.49	11.33±7.77	4.38±6.32	0.23±0.49	7.09±7.75	6.65±7.14
管理学	13.08±7.84	12.01±8.04	3.81±4.90	0.30±0.95	7.85±8.39	8.58±11.54
法学	14.20±7.19	12.70±8.08	5.44±8.05	0.84±2.21	8.63±9.13	9.36±12.06
文学	12.27±7.27	9.38±5.93	3.29±3.80	0.23±0.51	7.79±8.11	3.65±3.61
理学	12.95±6.96	11.35±7.31	4.64±4.76	0.14±0.41	6.74±6.14	8.80±7.83
工学	6.61±5.72	7.94±7.37	2.31±2.56	0.06±0.25	4.09±4.02	6.28±6.98
F 值	19.83***	8.75***	8.72***	23.64***	6.77***	10.05***

注：*** 显著性水平为 0.01，** 显著性水平为 0.05，* 显著性水平为 0.1。

根据表 3-40 的分析结果，不同学科学生之间的第二课堂投入存在着明显的差异，两个年度的样本数据中仅在 2019 年社会实践指标上不具备显著性。LSD 和塔姆黑尼事后检验的结果显示,文学和工学学生相对较少的参与学术讲座和志愿服务。在 2019 年样本中,文学学生更多地参与文化活动和其他活动,但 2020 年样本的结果却几乎相反。

(六)身心状态(BMI、心理预警状态)

表 3-41　不同 BMI 得分学生的第二课堂投入指标差异

学生投入指标	2019 年					
	学术讲座	志愿服务	思想成长	社会实践	文化活动	其他活动
BMI=60	10.76±8.47	9.36±7.62	1.58±2.20	0.20±0.40	7.04±7.16	15.38±25.08
BMI=80	12.57±7.80	10.63±8.44	1.84±3.53	0.37±0.64	9.22±9.44	10.18±16.21
BMI=100	14.21±8.39	12.69±8.26	2.37±4.25	0.42±0.69	9.54±8.65	14.22±22.60
F 值	9.51***	12.26***	3.14**	3.29**	2.35*	5.07***
学生投入指标	2020 年					
	学术讲座	志愿服务	思想成长	社会实践	文化活动	其他活动
BMI=60	8.85±6.67	8.17±7.22	4.50±6.26	0.30±1.14	6.40±7.75	5.67±9.03
BMI=80	11.81±7.36	10.77±8.01	4.00±5.58	0.29±0.94	6.84±7.11	7.69±10.39
BMI=100	13.09±7.71	12.07±7.90	4.12±5.64	0.34±1.09	7.84±8.41	8.10±10.28
F 值	21.99***	18.33***	0.39	0.70	5.23***	3.17**

注:*** 显著性水平为 0.01,** 显著性水平为 0.05,* 显著性水平为 0.1。

根据表 3-41 的结果,BMI 得分不同的学生在两个年度样本的第二课堂投入指标上都呈现了显著的差异。在学术讲座、志愿服务和文化活动三个指标上,BMI 得分越高,参与次数或时长越多。

表 3-42　不同心理预警类型学生的第二课堂投入指标差异

学生投入指标	2019 年					
	学术讲座	志愿服务	思想成长	社会实践	文化活动	其他活动
蓝色	13.55±8.44	11.86±8.40	2.16±4.08	0.42±0.70	9.23±8.58	12.90±20.00
黄色	14.14±8.24	12.37±8.20	2.30±3.61	0.35±0.63	9.43±8.32	12.94±20.79
橙色	13.02±7.90	11.51±7.60	2.22±3.99	0.35±0.60	8.98±7.70	13.11±22.28
红色	13.75±8.20	12.89±8.73	2.01±3.59	0.53±0.77	8.15±5.82	10.74±19.68
F 值	1.54	1.36	0.36	3.19**	0.79	0.36
学生投入指标	2020 年					
	学术讲座	志愿服务	思想成长	社会实践	文化活动	其他活动
蓝色	12.72±7.65	11.75±7.94	4.45±6.01	0.37±1.15	7.79±8.53	8.03±10.46
黄色	12.93±7.59	11.96±7.93	4.09±5.69	0.31±0.99	7.38±7.59	8.00±10.14
橙色	13.55±8.03	11.92±7.86	3.81±5.43	0.30±1.02	7.64±8.65	8.19±10.58
红色	11.65±6.74	11.36±8.05	3.45±4.49	0.30±1.04	7.77±8.28	8.65±10.77
F 值	3.73**	0.47	3.03**	1.08	0.60	0.31

注:*** 显著性水平为 0.01,** 显著性水平为 0.05,* 显著性水平为 0.1。

表 3-42 列出了不同心理预警类型学生的第二课堂投入指标差异,两年样本数据的差

异性不一致,2019 年样本仅在一项指标上、2020 年样本仅在两项指标上存在显著差异。

本节中基于 2019 和 2020 两个年度的样本数据,分别运用独立样本 t 检验和单因素方差分析等两种分析方法,对学情调查问卷四项投入指标、学情调查问卷量化投入指标、第二课堂投入指标从性别、民族、来源地、家庭背景、科类与学科以及身心状态等六个角度的 12 个类别型影响因素进行了差异性分析,为比较各影响因素对于学生投入指标的作用,表 3-43 列出了各影响因素各项投入指标的显著差异性占比。

表 3-43　各影响因素各项投入指标的显著差异性占比

影响因素	四项投入指标 ($4\times2=8$)	量化投入指标 ($7\times2=14$)	第二课堂投入指标 ($6\times2=12$)	显著差异性 占比
性别	6	9	12	79%
民族	4	5	3	35%
地区	3	10	9	65%
城乡	6	10	6	65%
来源类型	7	8	7	65%
父亲学历	6	10	8	71%
母亲学历	8	11	9	82%
经济状态	4	9	8	62%
科类	2	7	9	53%
学科	7	11	11	85%
BMI	0	2	10	35%
心理预警	7	8	3	53%

由表 3-43 可知,学科、性别、母亲学历、父亲学历、地区、城乡、来源类型等影响因素的显著差异性占比超过 65%,而民族、BMI 等影响因素的显著差异性占比低于 35%,不同的影响因素在预测不同投入指标时的效用也不一致。通过对样本数据的详细分析,我们可以基本确定了影响高校学生投入的类别型因素。

第二节　高校学生投入的相关性分析

一、学情调查问卷四项投入指标数据的相关分析

(一)学校环境

学校环境影响因素包括课程设置、教师教学、学校支持三项,均来自学情调查问卷,2019 和 2020 年的样本数分别为 2 667 和 3 781。

表 3-44　学校环境与四项投入指标的相关性分析

	生生互动	师生互动	学习策略	意志力
	2019 年（样本数：2 667）			
课程设置	0.381***	0.375***	0.601***	0.482***
教师教学	0.322***	0.207***	0.460***	0.335***
学校支持	0.267***	0.308***	0.389***	0.300***
	2020 年（样本数：3 781）			
课程设置	0.429***	0.359***	0.633***	0.555***
教师教学	0.293***	0.091***	0.404***	0.340***
学校支持	0.269***	0.216***	0.374***	0.333***

注：*** 显著性水平为 0.01，** 显著性水平为 0.05，* 显著性水平为 0.1。

表 3-44 中列出了学校环境三个因素与思想投入指标的相关性分析结果，可见，两个年度的样本数据中，课程设置、教师教学、学校支持与生生互动、师生互动等四项投入指标均呈现显著的相关性，学习策略与课程设置的相关性最高，两个年度的相关系数分别为 0.601 和 0.633，大部分的相关系数在 0.3～0.4 之间，属于中度的正相关。

（二）大五人格

学生大五人格数据由《中国大学生大五人格网络问卷》采集，面向两个年级学生自愿填写。两年的样本数分别为 245 和 344，分别占参与学情调查人数的 9.2% 和 9.1%。

表 3-45　学生大五人格与四项投入指标的相关性分析

	生生互动	师生互动	学习策略	意志力
	2019 年（样本数：245）			
神经质	0.038	0.001	−0.057	−0.131**
严谨性	0.162**	0.125*	0.274***	0.378***
宜人性	0.104	0.020	0.189***	0.188***
开放性	0.129**	0.202***	0.243***	0.228***
外倾性	0.282***	0.336***	0.309***	0.226***
	2020 年（样本数：344）			
神经质	−0.025	−0.060	−0.037	−0.151***
严谨性	0.060	0.048	0.139***	0.248***
宜人性	0.024	0.024	0.102	0.072
开放性	−0.016	0.124**	0.113***	0.093
外倾性	0.044	0.217***	0.095	0.115**

注：*** 显著性水平为 0.01，** 显著性水平为 0.05，* 显著性水平为 0.1。

根据表 3-45 的分析结果，学生大五人格与四项投入指标之呈现了一定的相关性，比如 2019 年样本数据中意志力与大五人格的五个维度均呈现相关性，2019 年样本中严谨性、开放性与四项投入指标数据均呈现显著相关。但从两个年度数据结果比较来看，2020年样本数据中大五人格与四项投入指标的相关性不如 2019 年样本数据。

（三）学业自我效能

学生学业自我效能数据通过《学业自我效能网络问卷采集》，学生也是自愿填写，两个年度样本数分别为 214 和 289，分别占参与学情调查学生数的 8.0％和 7.6％。

表 3-46　学生学业自我效能与四项投入指标的相关性分析

	生生互动	师生互动	学习策略	意志力
	2019 年（样本数：214）			
学习能力自我效能	0.124	0.280***	0.283***	0.274***
学习行为自我效能	0.007	0.164**	0.166**	0.168**
	2020 年（样本数：289）			
学习能力自我效能	0.250***	0.326***	0.295***	0.289***
学习行为自我效能	0.149**	0.210***	0.196***	0.123**

注：***显著性水平为 0.01，**显著性水平为 0.05，*显著性水平为 0.1。

根据表 3-46 的结果，学生学业自我效能与生生互动等投入指标之间具有较稳定的相关性，2020 年样本中四项投入指标与学习能力自我效能和学习行为自我效能均具有显著相关性，2019 年样本中除了生生互动外，其他三项投入指标也与学业自我效能具有显著相关性。

（四）成就动机

学生成就动机数据通过《成就动机网络问卷》采集，学生自愿填写，两个年度样本数分别为 198 和 266，分别占参与学情调查学生数的 7.4％和 7.0％。

表 3-47　学生成就动机与四项投入指标的相关性分析

	生生互动	师生互动	学习策略	意志力
	2019 年（样本数：198）			
趋向成功	0.183**	0.398***	0.280***	0.351***
避免失败	0.026	0.044	−0.067	−0.028
	2020 年（样本数：266）			
趋向成功	0.093	0.240***	0.191***	0.176***
避免失败	−0.056	−0.140**	−0.157**	−0.146**

注：***显著性水平为 0.01，**显著性水平为 0.05，*显著性水平为 0.1。

在 2019 年样本中，趋向成功的动机与四项投入指标均有显著的正相关，而 2020 年样本中避免失败的动机与三项投入指标呈现负相关。

二、学情调查问卷量化投入指标数据的相关分析

（一）学校环境

表 3-48 学校环境与量化投入指标的相关性分析

	总体学习	课外活动	兼职打工	休闲娱乐	演讲报告	论文报告	实习实践
	2019 年（样本数：2 667）						
课程设置	0.175***	0.125***	−0.003	−0.106***	0.197***	0.166***	0.129***
教师教学	0.111***	0.020	−0.049**	−0.033	0.141***	0.161***	0.076***
学校支持	0.059***	0.109***	0.003	−0.045**	0.119***	0.113***	0.063***
	2020 年（样本数：3 781）						
课程设置	0.182***	0.082***	−0.020	−0.073***	0.152***	0.126***	0.139***
教师教学	0.092***	−0.047***	−0.107***	0.025	0.032	0.071***	0.056***
学校支持	0.103***	0.041**	−0.018	−0.027	0.055***	0.030	0.065***

注：*** 显著性水平为 0.01，** 显著性水平为 0.05，* 显著性水平为 0.1。

由表 3-48 可知，量化投入指标与学校环境之间存在着一定的相关性。两个年度中总体学习时间和实习实践次数与学校环境的三项因素之间都存在低度的正相关关系。演讲报告、论文报告与学校环境之间也存在着正相关。兼职打工时间与教师教学呈现低度负相关。休闲娱乐时间与课程设置存在低度负相关。

（二）大五人格

表 3-49 学生大五人格与量化投入指标的相关性分析

	总体学习	课外活动	兼职打工	休闲娱乐	演讲报告	论文报告	实习实践
	2019 年（样本数：245）						
神经质	−0.038	−0.061	−0.011	0.013	0.060	0.005	−0.071
严谨性	0.138**	−0.124	0.057	−0.061	0.112	0.078	0.037
宜人性	0.025	−0.115	0.069	0.002	−0.010	0.009	0.042
开放性	0.042	−0.109	0.090	−0.062	0.074	0.005	0.058
外倾性	0.090	−0.020	0.056	−0.130**	0.172***	0.032	0.091
	2020 年（样本数：344）						
神经质	−0.119**	−0.110**	−0.047	−0.015	−0.133**	−0.114**	−0.026
严谨性	0.142***	−0.053	−0.003	−0.193***	0.104	−0.043	−0.039
宜人性	0.068	−0.090	0.027	−0.161***	0.077	−0.027	−0.058
开放性	0.054	0.077	0.051	−0.110**	0.156***	0.012	0.013
外倾性	0.089	0.130**	0.163***	−0.136**	0.192***	0.087	0.024

注：*** 显著性水平为 0.01，** 显著性水平为 0.05，* 显著性水平为 0.1。

根据表 3-49 的分析结果，大五人格中的严谨性与总体学习时间之间有低度的正相关。外倾性与休闲娱乐时间之间呈现低度的负相关，与演讲报告之间存在低度的正相关。

2020年样本中,神经质与总体学习时间、课外活动时间、演讲报告次数和论文报告次数都呈现低度的负相关。

(三)学业自我效能

表 3-50　学生学业自我效能与量化投入指标的相关性分析

	总体学习	课外活动	兼职打工	休闲娱乐	演讲报告	论文报告	实习实践
	2019 年(样本数:214)						
学习能力自我效能	0.146**	−0.030	0.017	−0.109	0.113	0.070	0.048
学习行为自我效能	0.082	−0.021	−0.082	−0.091	0.049	−0.019	0.042
	2020 年(样本数:289)						
学习能力自我效能	0.307***	0.152***	−0.048	−0.080	0.181***	0.138**	0.103*
学习行为自我效能	0.170***	0.187***	0.099	−0.015	0.060	0.120**	0.037

注:*** 显著性水平为 0.01,** 显著性水平为 0.05,* 显著性水平为 0.1。

由表 3-50,总体学习时间与学习能力自我效能呈现正相关关系。2019 年样本中量化投入指标仅发现了这一处相关性。2020 年样本中,学习能力自我效能与除了兼职打工和休闲娱乐两项非学习性投入指标外的其他五项投入指标之间都存在正相关,学习行为自我效能也与总体学习时间、课外活动和论文报告三项投入指标之间存在显著正相关。

(四)成就动机

表 3-51　学生成就动机与量化投入指标的相关性分析

	总体学习	课外活动	兼职打工	休闲娱乐	演讲报告	论文报告	实习实践
	2019 年(样本数:198)						
趋向成功	0.135*	−0.033	−0.032	−0.165**	0.254***	0.107	0.076
避免失败	−0.026	0.025	−0.121*	−0.039	−0.008	0.002	−0.084
	2020 年(样本数:266)						
趋向成功	0.157**	0.144**	0.089	0.005	0.213***	0.015	0.062
避免失败	−0.033	0.034	−0.047	0.017	−0.150*	−0.057	−0.136**

注:*** 显著性水平为 0.01,** 显著性水平为 0.05,* 显著性水平为 0.1。

根据表 3-51 可知,趋向成功的成就动机与总体学习时间和演讲报告次数之间存在显著正相关,趋向失败的动机则可能与演讲报告等存在负相关,但在两个年度样本中的结果并不是很一致。

三、第二课堂投入指标的相关分析

(一)学校环境

表 3-52　学校环境与第二课堂投入指标的相关性分析

学生投入指标	学术讲座	志愿服务	思想成长	社会实践	文化活动	其他活动
	2019 年(样本数:2 667)					
课程设置	0.043**	0.044**	0.046**	0.044**	−0.005	0.004
教师教学	0.046**	0.059***	0.025	0.029	0.022	−0.033*
学校支持	−0.009	0.004	0.012	0.030	−0.006	−0.026
	2020 年(样本数:3 781)					
课程设置	0.046***	0.031*	0.023	0.002	0.022	0.013
教师教学	03025	0.032*	0.040**	0.007	0.024	·0.012
学校支持	0.024	0.037**	0.038**	0.026	0.022	0.042**

注:*** 显著性水平为 0.01,** 显著性水平为 0.05,* 显著性水平为 0.1。

根据学生第二课堂投入与学校环境之间的相关性分析结果,课程设置与学术讲座、志愿服务之间存在低度正相关。2020 年样本结果显示,学校支持与志愿服务、思想成长和其他活动存在弱的正相关。文化活动时间与课程设置等学校环境变量之间均不存在相关性。

(二)大五人格

表 3-53　学生大五人格与第二课堂投入指标的相关性分析

学生投入指标	学术讲座	志愿服务	思想成长	社会实践	文化活动	其他活动
	2019 年(样本数:245)					
神经质	0.013	−0.001	−0.075	−0.159**	−0.013	−0.109*
严谨性	0.146**	0.101	0.103	0.172***	0.060	−0.080
宜人性	0.073	0.098	−0.007	0.063	−0.081	−0.003
开放性	0.049	0.087	−0.039	0.195***	−0.005	−0.057
外倾性	0.035	0.052	−0.047	0.175***	−0.030	−0.087
	2020 年(样本数:344)					
神经质	0.080	0.056	0.009	−0.035	−0.052	0.009
严谨性	0.174***	0.157***	0.084	0.117**	0.122**	0.027
宜人性	0.071	0.092	0.006	0.028	0.144***	−0.002
开放性	0.011	0.016	0.002	0.010	0.146***	−0.006
外倾性	0.053	0.076	0.044	0.035	0.119**	0.025

注:*** 显著性水平为 0.01,** 显著性水平为 0.05,* 显著性水平为 0.1。

由表 3-53 可知,大五人格中的严谨性与学术讲座和社会实践之间存在正相关。文化活动在 2019 年样本中与大五人格之间未发现相关性,但在 2020 年样本中却与除神经质外的其他四个人格特征均呈现显著正相关。

(三)学业自我效能

表 3-54　学生学业自我效能与第二课堂投入指标的相关性分析

学生 投入指标	学术讲座	志愿服务	思想成长	社会实践	文化活动	其他活动
	2019 年(样本数:214)					
学习能力 自我效能	0.061	0.045	0.152**	0.141**	-0.007	-0.034
学习行为 自我效能	0.016	-0.011	-0.021	0.077	-0.047	-0.070
	2020 年(样本数:289)					
学习能力 自我效能	0.025	0.062	0.059	0.086	0.155**	-0.068
学习行为 自我效能	-0.015	0.086	0.126**	0.062	0.119**	-0.037

注:*** 显著性水平为 0.01,** 显著性水平为 0.05,* 显著性水平为 0.1。

根据表 3-54 可知,学业自我效能与第二课堂投入指标之间的相关性在两个年度样本中呈现了不一致的结果。

(四)成就动机

表 3-55　学生成就动机与第二课堂投入指标的相关性分析

学生 投入指标	学术讲座	志愿服务	思想成长	社会实践	文化活动	其他活动
	2019 年(样本数:198)					
趋向成功	0.106	0.049	0.118	0.207***	0.032	0.046
避免失败	-0.058	-0.144**	-0.076	-0.106	-0.046	-0.106
	2020 年(样本数:266)					
趋向成功	0.118*	0.166***	0.099	0.070	0.138**	0.014
避免失败	-0.076	-0.069	0.038	-0.074	-0.076	-0.023

注:*** 显著性水平为 0.01,** 显著性水平为 0.05,* 显著性水平为 0.1。

由表 3-55 可知,成就动机与第二课堂投入指标之间的相关性总体较小,趋向成功的动机在 2020 年样本中与学术讲座等三个投入指标存在相关性,在 2019 年样本中仅与社会实践之间有一定的正相关。避免失败的动机仅在 2019 年样本中与志愿服务之间存在弱的负相关。

本节中基于 2019 和 2020 两个年度的样本数据,运用皮尔逊相关性分析方法,对学情调查问卷四项投入指标、学情调查问卷量化投入指标、第二课堂投入指标从学校环境、大五人格、学业自我效能和成就动机的 12 个数值型影响因素进行了相关性分析,为比较各影响因素对于学生投入指标的作用,表 3-56 列出了各影响因素各项投入指标的显著相关性占比。

表 3-56　各影响因素不同投入指标的显著相关性占比

影响因素	四项投入指标 (4×2=8)	量化投入指标 (7×2=14)	第二课堂投入指标 (6×2=12)	显著相关性 占比
课程设置	8	12	6	76%
教师教学	8	10	4	65%
学校支持	8	10	3	62%
神经质	2	4	2	24%
严谨性	6	3	6	44%
宜人性	2	1	1	12%
开放性	6	2	2	29%
外倾性	6	6	2	41%
学习能力 自我效能	7	6	3	47%
学习行为 自我效能	7	3	2	35%
趋向成功动机	7	6	4	50%
避免失败动机	3	3	1	21%

注:*** 显著性水平为 0.01,** 显著性水平为 0.05,* 显著性水平为 0.1。

由表 3-56 可知,我们可以发现,学校环境的三个影响因素与不同投入指标的总体相关性比例均较高,大五人格中严谨性、学业自我效能中的学习能力自我效能、成就动机中的趋向成功动机与学生投入指标的相关性比例相对较高,但均低于学校环境的各影响因素与学生投入指标的相关性。

从学生投入指标维度,将第一节和第二节中与各类影响因素的差异性和相关性进行统计,结果如表 3-57 所示。

表 3-57　投入指标与影响因素的显著关系汇总

投入指标	2019 年样本			2020 年样本		
	差异性	相关性	百分比	差异性	相关性	百分比
生生互动	9	7	67%	9	5	58%
师生互动	7	9	67%	10	9	79%
学习策略	6	10	67%	7	9	67%
意志力	8	11	79%	4	10	58%
总体学习	7	6	54%	8	8	67%
课外活动	4	2	25%	4	8	50%
兼职打工	9	2	46%	10	2	50%
休闲娱乐	3	4	29%	4	5	38%
演讲报告	9	5	58%	11	8	79%
论文报告	8	3	46%	7	5	50%

投入指标	2019 年样本			2020 年样本		
	差异性	相关性	百分比	差异性	相关性	百分比
实习实践	8	3	46%	8	5	54%
学术讲座	9	3	50%	12	3	63%
志愿服务	9	3	50%	11	5	67%
思想成长	5	2	29%	10	3	54%
社会实践	4	7	47%	5	1	25%
文化活动	7	0	29%	9	7	67%
其他活动	5	2	29%	9	1	42%
合计	117	79	48%	138	94	57%

　　总体而言,2020 年样本中学生投入指标与影响因素之间的显著关系比例要高于 2019 年样本,分别为 57% 和 48%。具体来说,学情调查问卷四项投入指标的显著关系比例相对较高,第二课堂投入指标数据虽然来自学校实际运行系统,但也与问卷调查数据较好地契合,在学术讲座、志愿服务等具体投入指标上也与 12 个类别型、12 个数值型影响因素之间存在着显著关系。通过第一节和第二节的分析,基本明确了投入指标和影响因素,为后续通过教育数据挖掘方法进行学生投入的预测和影响因素重要性分析打下坚实的基础。

第三节　基于教育数据挖掘的高校学生投入分类预测

一、数据预处理及算法选择

(一)影响因素数据处理

　　根据第一节和第二节的分析,本研究中分析的高校学生投入的影响因素共有 26 个,其中 12 个为类别型数据,14 个为数值型数据,根据研究框架中的分类方式,将影响因素分为以下四类:

　　第一类为社会及人口统计特征,包括性别、民族、地区、城乡、来源地、父母亲受教育水平、经济状态;第二类为入校状态,包括科类、学科、BMI 得分等。第三类为心理特征,包括心理预警状态、大五人格、学业自我效能和成就动机;第四类为学校环境,包括课程设置、教师教学和学校支持。

　　前面的差异性和相关性数据分析前,已经对各影响因素进行了预处理,分为了类别型和数值型两大类型,即可以直接用于教育数据挖掘。但要注意的是,第一、二、四类的所有影响因素和第三类中的心理预警状态影响因素,在 2019、2020 两个年度的所有样本中都是齐备的,但第三类中的大五人格、学业自我效能和成就动机三个影响因素是通过随机问卷获取的,其数据量只是整个样本量的 10% 不到,因此需要单独进行分析。

(二)预测目标数据处理

本研究中预测目标为学情问卷调查四项投入指标、量化投入指标和第二课堂投入指标,共 17 个目标数据。主要运用教育数据挖掘中的分类预测方法,因此需要将目标数据分成若干类型。因此,主要依据表 3-1、3-2、3-15、3-16、3-29、3-30 中对两个年度样本的描述性统计分析结果中的四分位数,将目标数据分为高投入组和低投入组,其中高投入组指大于 75 分位的数据,低投入组指小于 25 百分位的数据,为每个预测目标增加两个虚拟变量,比如对于生生互动指标,增加"生生互动低"和"生生互动高"两个变量,"生生互动低"变量中,1 代表小于 25 分位的数据,0 代表大于 25 分位的数据,"生生互动高"变量中,1 代表大于 75 分位的数据,0 代表小于 75 分位的数据,以此类推。要注意的是,个别目标数据中,由于数据过于集中,25 分位和 75 分位难以区分,所以无法做分类预测处理。

(三)算法选择

本研究中主要应用的分类预测算法包括贝叶斯网络、支持向量机、人工神经网络和决策树,通过四种分类预测算法分别对同一目标的两个年度样本进行挖掘处理,比较其正确率和信息增益。

贝叶斯网络(bayesian network,BN),又称为贝叶斯信度网(bayesian belief network,BBN),是在 20 世纪 80 年底由劳瑞慈恩(Lauritzen)等提出,最初用于人工智能中专家系统的知识表示。贝叶斯网络是基于贝叶斯概率和贝叶斯公式提出了,是研究不确定性问题的决策方法。贝叶斯网络是由一个有向无环图(directed acylic graph,DAG)和条件概率表(conditional probability table,CPT)组成。贝叶斯网络的节点代表随机变量,节点间的有向边代表了节点间的互相关系(由父节点指向其子节点),用条件概率进行表达关系强度。经典的贝叶斯网络包括朴素贝叶斯网络、TAN 贝叶斯网络和马尔科夫毯网络,主要用于数据的分类预测[1]。

支持向量机(support vector machine,SVM)是 1992 年由博舍(Boser)等人提出的一种数据挖掘算法,用于解决小样本、非线性和高维的分类和回归问题。支持向量机分为支持向量分类和支持向量回归两种。支持向量机分类的思路以训练集样本为对象,将数据映射到一个更高维的空间里,在这个空间中找到一个超平面,使得属于两个不同类的数据点的间隔最大(最大间隔超平面),以达到最佳的分类效果。

人工神经网络(artifical neural network,ANN)是模拟人脑思维的计算机建模方式,从人工智能领域被引入数据挖掘领域,用于数据的分类预测和聚类分析。人工神经网络是有许多节点联结起来的一个网络,根据网络层次分为两层神经网络、三层神经网络和多层神经网络等。教育数据挖掘中常用的是三层神经网络,包括输入层,隐藏层和输出层,每一层都有若干神经元,层数和神经元数决定了人工神经网络的复杂程度[2]。

决策树算法(decision tree)得名于其分析结论的展示方式,类似于一棵倒置的树。决

---

①薛薇.基于 SPSS Modeler 的数据挖掘(第二版)[M].北京:中国人民大学出版社,2014:310−320.
②薛薇.基于 SPSS Modeler 的数据挖掘(第二版)[M].北京:中国人民大学出版社,2014:261−266.

策树最早源于机器学习技术,可以实现数据内在规律的探究和新数据对象的分类预测。决策树中主要的概念有根节点、叶节点、中间节点等。根节点是处于决策树最顶层的节点,一棵决策树只能有一个根节点。叶节点是处于最下层的节点,一棵决策树可以有多个叶节点。决策树算法执行的过程包括决策树的生长和修剪,生长是指利用训练样本集,通过不断分组增加节点来建立决策数,修剪是指用测试样本集对所形成的决策树进行精简,最终形成结果决策树,实现对数据分类的过程①。决策树分类算法包括 C5.0、CART、CHAID、Quest 等,本研究中使用的是 C5.0 算法,该算法是从决策树经典算法 ID3 基础上发展起来的 C4.5 算法的商业化版本,比 C4.5 算法提升了执行效率。

二、学情调查问卷四项投入指标分类预测

(一)生生互动

对 2019、2020 样本中生生互动水平处于 25 分位后的学生进行预测,使用决策树、人工神经网络、贝叶斯网络、支持向量机等四种算法建模并对正确率进行比较,结果见表 3-58,同样也可以绘制出 ROC 曲线图,更加直观的对算法的有效性进行比较。

表 3-58　生生互动低的预测正确率

分类算法	2019 年样本		2020 年样本	
	训练集	测试集	训练集	测试集
决策树	72.29%	70.75%	71.13%	64.28%
人工神经网络	58.44%	56.72%	60.98%	60.48%
贝叶斯网络	60.31%	56.01%	64.26%	60.39%
支持向量机	72.95%	50.12%	74.79%	56.68%

2019 年样本中,预测变量较为重要的包括课程设置、教师教学和是否贫困等;2020 年样本中,预测变量较为重要的是课程设置、教师教学、学校支持、城乡、地区等。

同样的方式,对生生互动水平处于 75 百分位前的学生进行预测,结果如表 3-59 所示。

表 3-59　生生互动高的预测正确率

分类算法	2019 年样本		2020 年样本	
	训练集	测试集	训练集	测试集
决策树	69.71%	65.21%	84.19%	84.62%
人工神经网络	54.15%	54.25%	78.57%	79.22%
贝叶斯网络	56.79%	51.18%	79.32%	78.96%
支持向量机	71.08%	48.58%	85.47%	69.41%

2020 年样本的预测正确率显著高于 2019 年样本,决策树算法在预测生生互动水平高的目标变量中正确率最高,训练集和测试集均高于 84%。2019 年预测变量中较为重要

---

① 薛薇.基于 SPSS Modeler 的数据挖掘(第二版)[M].北京:中国人民大学出版社,2014:194－199.

的是课程设置、父亲受教育水平、教师教学、文理科、地区、学科等,2020 年预测变量较为重要的课程设置、学科、心理预警、文理科,可见,课程设置、学科、文理科对于学生互动水平而言是较为重要的影响因素。

(二)师生互动

对于师生互动水平同样采用四种算法进行分类预测,结果如表 3-60 和表 3-61 所示。

表 3-60　师生互动低的预测正确率

分类算法	2019 年样本		2020 年样本	
	训练集	测试集	训练集	测试集
决策树	76.64%	75.94%	76.72%	71.26%
人工神经网络	62.84%	59.67%	67.13%	66.05%
贝叶斯网络	64.76%	59.08%	68.98%	67.29%
支持向量机	74.00%	54.83%	79.70%	61.80%

表 3-61　师生互动高的预测正确率

分类算法	2019 年样本		2020 年样本	
	训练集	测试集	训练集	测试集
决策树	74.55%	73.23%	74.42%	69.50%
人工神经网络	59.87%	57.43%	64.15%	62.69%
贝叶斯网络	61.24%	56.37%	67.32%	63.40%
支持向量机	73.39%	51.3%	77.47%	59.59%

四种算法中,决策树 C5.0 算法预测正确率相对较为稳定,支持向量机算法训练集的正确率明显高于测试集,存在过拟合现象。对于师生互动低的预测,课程设置、学校支持、学科类别、教师教学等是相对重要的变量,这些变量也是预测师生互动高的重要变量,其中课程设置是最为重要的变量。

(三)学习策略

根据表 3-62 和表 3-63 对于学习策略预测的结果,决策树算法的稳定性仍未最高,贝叶斯网络和人工神经网络次之。

表 3-62　学习策略低的预测正确率

分类算法	2019 年样本		2020 年样本	
	训练集	测试集	训练集	测试集
决策树	78.34%	75.47%	79.06%	74.89%
人工神经网络	60.03%	59.08%	70.83%	68.70%
贝叶斯网络	61.85%	55.90%	72.04%	66.76%
支持向量机	73.78%	54.72%	81.58%	64.54%

表 3-63　学习策略高的预测正确率

分类	2019 年样本		2020 年样本	
算法	训练集	测试集	训练集	测试集
决策树	82.13%	79.01%	79.06%	77.19%
人工神经网络	63.33%	61.56%	71.81%	73.21%
贝叶斯网络	64.43%	62.15%	73.77%	69.85%
支持向量机	74.88%	58.25%	82.15%	68.61%

对于学习策略预测的重要变量包括学校环境的三项变量（课程设置、教师教学、学校支持）、学生的学科，学生的民族、地区、生源地类型和父母亲受教育水平。

（四）意志力

如表 3-64 和表 3-65 所示，各种算法预测正确率最高为 79.25%。对于预测意志力高的学生，2020 年样本测试集的正确率也在 68% 以上，最高的依然为决策树算法。

表 3-64　意志力低的预测正确率

分类	2019 年样本		2020 年样本	
算法	训练集	测试集	训练集	测试集
决策树	76.91%	66.39%	75.92%	71.71%
人工神经网络	55.20%	52.59%	68.19%	65.16%
贝叶斯网络	57.39%	49.41%	68.60%	64.10%
支持向量机	70.15%	48.23%	78.30%	60.65%

表 3-65　意志力高的预测正确率

分类	2019 年样本		2020 年样本	
算法	训练集	测试集	训练集	测试集
决策树	78.12%	74.41%	78.60%	75.77%
人工神经网络	59.59%	56.60%	69.02%	70.47%
贝叶斯网络	61.19%	56.13%	70.83%	70.03%
支持向量机	72.84%	53.07%	79.25%	68.35%

意志力的重要预测变量除了学校环境因素外，还包括心理预警状态、BMI 得分和母亲受教育水平，以及其他的一些社会人口统计特征变量。

总体而言，对于生生互动等四项投入指标，2020 年样本的预测正确率比 2019 年样本高，决策树算法的预测正确率和稳定性最好，学校环境因素、社会及人口统计特征因素以及学生入学状态等均具有较好的预测作用。

三、学情调查问卷量化投入指标分类预测

（一）总体学习

对于总体学习 25 分位和 75 分位学生的预测结果分别如表 3-66 和表 3-67 所示。

表 3-66　总体学习低的预测正确率

分类	2019 年样本		2020 年样本	
算法	训练集	测试集	训练集	测试集
决策树	71.63％	67.81％	71.25％	69.14％
人工神经网络	56.29％	55.42％	66.30％	65.52％
贝叶斯网络	57.28％	54.01％	67.25％	64.54％
支持向量机	71.08％	50.00％	77.74％	58.62％

表 3-67　总体学习高的预测正确率

分类	2019 年样本		2020 年样本	
算法	训练集	测试集	训练集	测试集
决策树	70.81％	64.50％	74.60％	75.07％
人工神经网络	55.85％	52.36％	69.51％	70.82％
贝叶斯网络	57.45％	51.65％	70.19％	70.47％
支持向量机	71.47％	46.34％	80.49％	63.57％

以 2020 年样本为例,在预测总体学习时间位于 75 分位的学生上,决策树算法在训练集和测试集的正确率都稳定在 75％以上,人工神经网络和贝叶斯网络的预测正确率稳定在 70％左右,支持向量机算法存在着过拟合现象。总体学习时间的重要预测变量包括课程设置、母亲受教育水平、教师教学、文理科、学科类别等。

(二)课外活动

2019 年样本中,课外活动数据不具有区分度,所以只能对 2020 年样本中的课外活动高的学生进行预测,结果如表 3-68 所示。

表 3-68　课外活动高的预测正确率

分类	2019 年样本		2020 年样本	
算法	训练集	测试集	训练集	测试集
决策树			74.57％	74.62％
人工神经网络			70.00％	70.29％
贝叶斯网络			71.25％	70.47％
支持向量机			81.02％	61.98％

除支持向量机过拟合外,其他算法在预测正确率上相近,以人工神经网络为例,构成了一个三层 9 个神经元的神经网络,预测重要变量包括课程设置、性别、学科、教师教学等(如图 3-1 所示)。

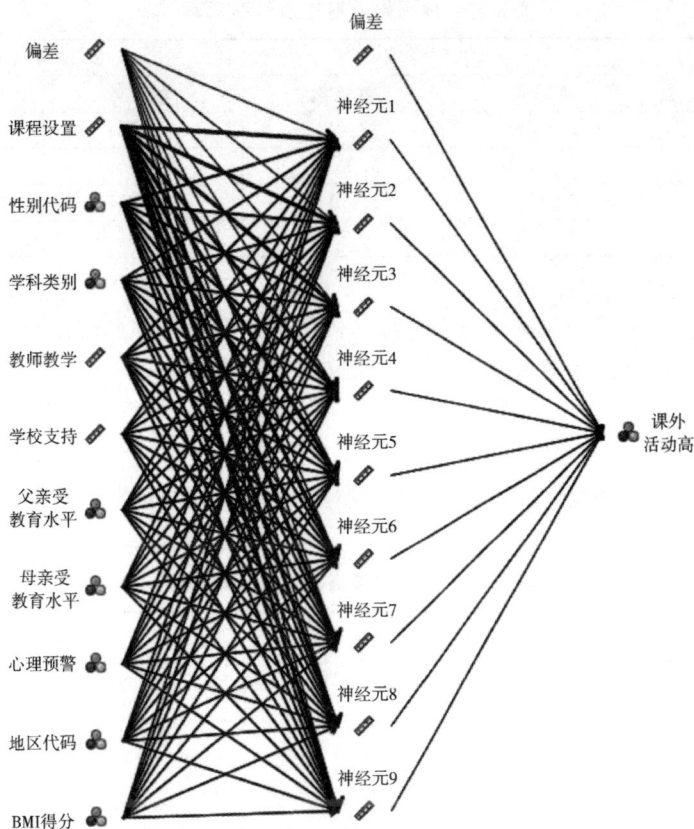

图 3-1　预测课外活动高的人工神经网络

（三）兼职打工

2019 和 2020 年样本中，兼职打工数据在各分位上几乎相同，差异较小，无法进行分类预测。

（四）休闲娱乐

与课外活动和兼职打工指标不同，休闲娱乐时间指标在 2019 和 2020 年样本都有一定的区分度，所以分别对 25 分位组和 75 分位组进行预测，结果如表 3-69 和表 3-70 所示。

表 3-69　休闲娱乐低的预测正确率

分类算法	2019 年样本		2020 年样本	
	训练集	测试集	训练集	测试集
决策树	67.01%	60.97%	69.74%	71.71%
人工神经网络	48.82%	47.88%	65.13%	67.82%
贝叶斯网络	53.16%	48.35%	66.45%	66.22%
支持向量机	69.05%	43.87%	77.36%	60.74%

表 3-70 休闲娱乐高的预测正确率

分类	2019 年样本		2020 年样本	
算法	训练集	测试集	训练集	测试集
决策树	74.82%	73.47%	70.91%	69.76%
人工神经网络	61.41%	57.90%	65.96%	66.40%
贝叶斯网络	62.67%	56.49%	66.98%	64.46%
支持向量机	73.89%	50.35%	79.13%	55.61%

相对来说,决策树算法预测正确率最高。休闲娱乐的重要预测变量包括课程设置、学科类别、民族、心理预警、生源地类型、地区、母亲受教育水平等。

(五)演讲报告

演讲报告 25 分位和 50 分位一致,所以仅对演讲报告 75 分位的学生进行预测,结果如表 3-71 所示。

表 3-71 演讲报告高的预测正确率

分类	2019 年样本		2020 年样本	
算法	训练集	测试集	训练集	测试集
决策树	74.20%	67.09%	74.00%	72.77%
人工神经网络	54.31%	51.97%	69.32%	68.44%
贝叶斯网络	58.40%	54.38%	70.49%	68.26%
支持向量机	70.21%	48.28%	79.43%	62.42%

决策树算法预测正确率仍为最高。2020 年样本中,贝叶斯网络和人工神经网络的预测正确率也在 70% 左右且较为稳定。教师教学、学校支持、课程设置、父母受教育水平、心理预警等是重要性排名靠前的预测变量。图 3-2 中为贝叶斯网络执行效果图。

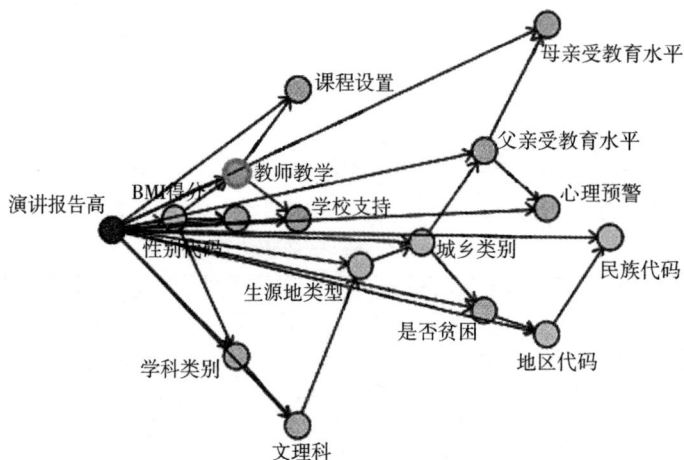

图 3-2 预测演讲报告高的贝叶斯网络图

(六)论文报告

与演讲报告一致,仅对论文报告高的数据进行预测。但从表 3-72 的结果来看,各算法的预测正确率都相对较低。

表 3-72　论文报告高的预测正确率

分类 算法	2019 年样本		2020 年样本	
	训练集	测试集	训练集	测试集
决策树	66.06%	58.2%	65.70%	63.13%
人工神经网络	48.56%	49.68%	57.62%	58.09%
贝叶斯网络	52.39%	49.17%	61.89%	59.42%
支持向量机	68.40%	47.40%	74.49%	54.47%

(七)实习实践

表 3-73 和表 3-74 为预测实习实践分位分类的正确率,其中,预测 25 分位的分类正确率相对较低,预测 75 分位的相对高些,但总体的预测正确率都不高。

表 3-73　实习实践低的预测正确率

分类 算法	2019 年样本		2020 年样本	
	训练集	测试集	训练集	测试集
决策树	64.52%	59.97%	65.32%	52.34%
人工神经网络	49.79%	49.81%	53.81%	51.81%
贝叶斯网络	52.98%	48.92%	58.08%	52.52%
支持向量机	68.51%	44.35%	72.75%	50.75%

表 3-74　实习实践高的预测正确率

分类 算法	2019 年样本		2020 年样本	
	训练集	测试集	训练集	测试集
决策树	69.47%	65.57%	71.32%	70.91%
人工神经网络	54.52%	55.27%	66.91%	66.76%
贝叶斯网络	56.76%	53.75%	66.79%	66.40%
支持向量机	70.48%	47.52%	78.98%	60.21%

从量化投入的 7 个指标的预测结果来看,总体预测正确率要低于四项投入指标,决策树算法仍是预测正确率最高且最为稳定的算法。

四、第二课堂投入指标分类预测

(一)学术讲座

对参与学术讲座次数 25 分位和 75 分位预测的结果如表 3-75 和表 3-76 所示。

表 3-75　学术讲座低的预测正确率

分类 算法	2019 年样本		2020 年样本	
	训练集	测试集	训练集	测试集
决策树	80.37%	75.98%	80.09%	74.12%
人工神经网络	62.50%	62.90%	69.64%	71.53%
贝叶斯网络	63.24%	62.52%	73.68%	70.23%
支持向量机	71.76%	60.36%	81.01%	70.58%

表 3-76　学术讲座高的预测正确率

分类 算法	2019 年样本		2020 年样本	
	训练集	测试集	训练集	测试集
决策树	75.80%	74.97%	76.35%	69.80%
人工神经网络	60.64%	59.72%	64.53%	64.11%
贝叶斯网络	61.76%	59.09%	66.29%	65.83%
支持向量机	71.91%	54.00%	76.35%	62.64%

在预测学术讲座低的分组时,各算法都呈现了相对高且稳定的正确率。与预测学术讲座相关的变量主要有性别、地区、城乡、文理科、学校支持、民族、母亲受教育水平、生源地类型、学科类别、教师教学等。

(二)志愿服务

表 3-77 和表 3-78 为对志愿服务的预测正确率。可见,各算法在预测志愿服务 25 分位上的正确率要略高于 75 分位的预测正确率。

表 3-77　志愿服务低的预测正确率

分类 算法	2019 年样本		2020 年样本	
	训练集	测试集	训练集	测试集
决策树	81.49%	73.95%	81.16%	77.31%
人工神经网络	63.51%	61.63%	71.01%	70.15%
贝叶斯网络	63.72%	60.86%	73.38%	71.27%
支持向量机	72.50%	58.83%	81.12%	70.84%

表 3-78　志愿服务高的预测正确率

分类 算法	2019 年样本		2020 年样本	
	训练集	测试集	训练集	测试集
决策树	76.01%	75.86%	73.76%	76.01%
人工神经网络	59.89%	59.09%	67.54%	70.32%
贝叶斯网络	60.80%	58.96%	68.73%	69.97%
支持向量机	71.81%	54.00%	78.83%	64.62%

对志愿服务预测相对重要的变量包括性别、民族、父母亲受教育水平、心理预警、生源

地类型、学科类别、学校支持等。

（三）思想成长

仅对思想成长 75 分位进行预测，结果如表 3-79 所示，其总体预测正确率要略低于对学术讲座和志愿服务的预测正确率。

表 3-79　思想成长高的预测正确率

分类 算法	2019 年样本		2020 年样本	
	训练集	测试集	训练集	测试集
决策树	71.17%	69.25%	72.16%	74.37%
人工神经网络	58.3%	55.27%	67.93%	68.59%
贝叶斯网络	59.52%	53.62%	67.51%	66.95%
支持向量机	71.54%	47.78%	79.02%	59.62%

（四）社会实践

因仅有 2019 年样本中社会实践各分位有区分度，所以对社会实践 75 分位预测结果如表 3-80 所示，总体预测正确率较低。

表 3-80　社会实践高的预测正确率

分类 算法	2019 年样本		2020 年样本	
	训练集	测试集	训练集	测试集
决策树	69.57%	68.36%		
人工神经网络	55.21%	53.62%		
贝叶斯网络	57.23%	53.37%		
支持向量机	71.12%	45.87%		

（五）文化活动

对于文化活动 25 分位和 75 分位的预测正确率如表 3-81 和表 3-82 所示，总体来看，对于 25 分位和 75 分位的预测正确率相当，决策树的稳定性和正确率最高。学科、父母亲受教育水平、地区、民族等是相对重要的预测变量。

表 3-81　文化活动低的预测正确率

分类 算法	2019 年样本		2020 年样本	
	训练集	测试集	训练集	测试集
决策树	76.54%	71.66%	77.65%	71.10%
人工神经网络	59.95%	60.48%	70.37%	67.47%
贝叶斯网络	61.91%	58.70%	71.55%	67.90%
支持向量机	72.93%	54.64%	80.17%	65.06%

表 3-82 文化活动高的预测正确率

分类 算法	2019 年样本		2020 年样本	
	训练集	测试集	训练集	测试集
决策树	74.63%	75.22%	75.36%	72.74%
人工神经网络	59.68%	59.34%	70.56%	67.64%
贝叶斯网络	61.12%	58.32%	71.21%	67.04%
支持向量机	72.39%	51.08%	80.24%	59.88%

(六)其他活动

由表 3-83 和表 3-84 可知,对于其他活动 75 分位的预测正确率要总体高于 25 分位的预测正确率,2020 年样本的总体预测正确率要高于 2019 年样本。

表 3-83 其他活动低的预测正确率

分类 算法	2019 年样本		2020 年样本	
	训练集	测试集	训练集	测试集
决策树	72.66%	62.01%	67.39%	62.47%
人工神经网络	53.99%	50.32%	61.37%	57.38%
贝叶斯网络	56.33%	48.54%	63.88%	57.20%
支持向量机	69.63%	47.90%	75.13%	54.70%

表 3-84 其他活动高的预测正确率

分类 算法	2019 年样本		2020 年样本	
	训练集	测试集	训练集	测试集
决策树	73.62%	73.44%	74.33%	74.46%
人工神经网络	57.93%	57.43%	69.37%	69.63%
贝叶斯网络	59.95%	53.37%	69.60%	68.68%
支持向量机	71.44%	47.52%	80.13%	60.66%

从对第二课堂投入指标预测的总体情况来看,总体正确率要高于对量化投入指标,对学术讲座和志愿服务的预测正确率相对较高,决策树算法是最为稳定的分类预测算法。

五、分类预测结果评价

在对四项投入指标、量化投入指标、第二课堂投入指标分别应用决策树、人工神经网络、贝叶斯网络和支持向量机算法进行分类预测后,我们可以初步得出以下几个结论。

一是决策树算法在四种算法中预测正确率最高且最为稳定,人工神经网络和贝叶斯网络次之,支持向量机在训练集中预测正确率高但在测试集中正确率低,存在过拟合现象。

二是 2020 年样本数据的质量总体要高于 2019 年的样本数据质量,在大多数投入指标的预测正确率均高于 2019 年样本。

三是不同投入指标的预测正确率之间存在差异,量化投入指标的预测正确率最低。

同一类投入指标中的不同指标的预测正确率也存在差异。

之前的分析中,为了解所有投入指标的总体预测情况,仅使用了预测正确率一项指标来评价分类模型的有效性,这并不很完善。评判分类模型有效性的一般标准是通过实际类别与预测类别之间的关系来判断。假设实际类别和预测类别都有两种状态 T(正例)或 F(负例),则其关系组合有四种,即 TT 实际类别与预测类别均为 T,FT:实际类别为 T但预测类别为 F,FT 实际类别为 F 但预测类别为 T,FF 实际类别和预测类别均为 F(如表 3-85 所示)。

表 3-85　评价分类模型有效性的混淆矩阵

预测类别 \实际类别	T	F
T	TT	TF
F	FT	FF

一般通过正确率、精确度、灵敏度等量化指标来进行判断。正确率 Accurcy＝(TT＋FF)/(T＋F),就是所有样本中被正确分类的比例,正确率越高代表分类器越好;精确度 Precision＝TT/(TT＋TF)是精确性的度量,表示被预测为 T 中实际为 T 的比例;灵敏率 Sensitive＝ TT/(TT＋FT),表示的是所有实际类别为 T 中被预测为 T 的比例,它衡量了分类器对 T(正例)的识别能力。另外,还通过计算 F_1 值在综合评判分类模型的有效性,F_1＝2×Precision×Sensitive/(Precision＋Sensitive),F_1 值越高则说明分类模型越有效。

为进一步探讨各影响因素对投入指标的作用,基于 2020 年包含大五人格的样本数据,使用决策树算法,对学术讲座 75 分位进行预测,比较各影响因素的作用。2020 年包含大五人格的样本数据共 344 条,首先将性别、民族和来源作为基础的预测输入变量,然后加入科类与学科和家庭背景,之后加入学校环境的三个影响因素,最后加入心理状态,包括心理预警状态和大五人格。分别计算每一步骤的正确率、精确度、灵敏度和 F_1 值。具体结果如表 3-86 所示。

表 3-86　学术讲座高的预测正确率

	正确率	精确度	灵敏度	F1 值
性别＋民族＋来源	66.28%	59.72%	33.08%	0.43
科类与学科＋家庭背景	67.73%	58.26%	51.54%	0.55
学校环境	75.58%	65.13%	76.15%	0.70
心理状态	82.27%	77.60%	74.61%	0.76

由表 3-86 的数据可知,我们可以发现,随着影响因素(输入变量)的逐步增加,整个分类模型预测的正确率在不断提高,科类与学科加上家庭背景可以提高 1.5%,学校环境可以提高约 8.0%,心理状态有可以提高近 7.0%。从精确度和灵敏度来看,第二步比第一步模型精确度降低 1.5%,灵敏度提高 18.5%。第三步比第二步精确度和灵敏度分别增加 7.0%和 15.0%,第四步纳入所有影响因素的模型比第一步(包含性别、民族和来源)的模型分别提高 18.4%和 41.5%。从 F_1 值来看,每一步都是逐渐增加,包含所有影响因素的分类模型 F_1 值已达到 0.76,具有一定的有效性。

第四章

高校学生投入的评价模型研究

第一节 高校学生投入的指标体系构建

一、高校学生投入指标精简

前一章中,本研究的高校学生投入指标包括学情调查问卷四项投入指标、学情调查问卷量化投入指标和第二课堂投入指标,分别来自学情调查问卷数据和学校管理平台数据,共 17 项。为便于理解,按照学习性和主动性两个维度构建了四象限图,并将这 17 个指标分别置于象限图中相应的位置(如图 4-1 所示)。

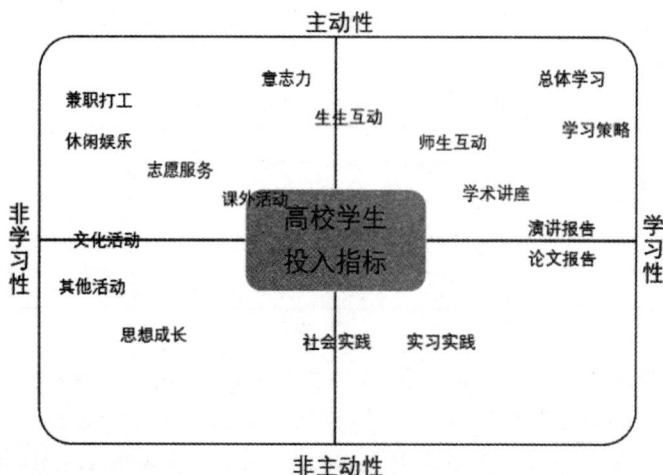

图 4-1 17 项学生投入指标的四象限图

图 4-1 中给出了 17 项投入指标在学习性和主动性两个维度中的相对位置,比如、总体学习、学习策略、演讲报告等是与学习内容、最终学业成绩等相关度较高的,同时也是学

生的主动性投入,因此处于第一象限,兼职打工、休闲娱乐等是与学习内容、学业表现等相关度较小或者是负相关的,属于非学习性范畴,也属于学生的主动行为,因此位于第二象限。思想成长、社会实践、实习实践等是学校布置的,强制性的需要学生投入的活动,因此处于第三、四象限,学术讲座和志愿服务、课外活动是需要学生主动性投入的,按照与学习内容的相关性,分别处于第一和第二象限。两个互动性投入指标生生互动和师生互动,都是学生主动投入行为,所以也安置于第一二象限。

因为本研究中使用的学生投入数据既包括学情调查问卷中学生对于自我投入的主观感受数据,也包括来自学校管理信息系统的实际学生行为数据,两者并不是基于共同目的进行采集与分析处理的,因此两者之间必然存在着一些交叉、重叠,甚至不一致的内容。比如,关于来自学校管理平台的社会实践数据和来自学情调查问卷的实习实践数据,两者就明显不一致,有可能学校管理平台没有完整记载所有的学生社会实践数据,也有可能学生对于社会实践、实习的范畴认识不一致。学校管理平台中的文化活动和其他活动之间也存在着很多重叠,不同管理人员对同一活动的认定类型可能存在不一致,导致文化活动和其他活动并不能够精确地区分开来。基于以上的这些原因,为了更好地构建高校学生投入的指标体系,需要对这 17 项指标进行梳理和精简。

首先考虑学情调查问卷中的四项投入指标,由图 4-1 可知,这四项投入指标均处于第一、二象限,均能较好反映学生主动性投入和学习性投入,因此均予以保留。

其次考虑学情调查问卷中的量化投入指标,这 7 个指标数据是使用 7 个单项问题采集的,由学生自我报告,主要反映了学生投入的时间、次数等指标,应当可以合并精简。通过主成分分析法,分别对 2019 年样本和 2020 年样本的 7 项量化指标进行分析,提取因子。2019 年和 2020 年样本中都是可以提取 3 个因子,总方差解释率分别为 56.62% 和 57.04%,旋转后的成分矩阵分别如表 4-1 和表 4-2 所示。

表 4-1 量化投入指标成分矩阵(2019 年样本)

	成分		
	1	2	3
总体学习	0.201	0.068	−0.740
课外活动	0.168	0.778	−0.042
兼职打工	0.041	0.797	0.100
休闲娱乐	0.145	0.126	0.739
演讲报告	0.683	0.270	−0.022
论文报告	0.795	−0.111	0.123
实习实践	0.521	0.129	−0.131

表 4-2 量化投入指标成分矩阵(2020 年样本)

	成分		
	1	2	3
总体学习	0.382	0.199	−0.560
课外活动	0.644	−0.473	−0.063
兼职打工	0.478	−0.640	−0.014

	成分		
	1	2	3
休闲娱乐	0.111	−0.104	0.828
演讲报告	0.689	0.124	0.003
论文报告	0.468	0.552	0.185
实习实践	0.536	0.379	0.151

综合表 4-1 和表 4-2 的分析结果,结合学情调查问卷的相关题项目的和含义,将量化投入指标 7 个指标合并精简为 4 个指标:总体学习指标不变,更名为周学习投入时间,课外活动和兼职打工合并为周课外投入时间,休闲娱乐更名为周休闲娱乐时间,演讲报告、论文报告和实习实践合并为实践报告次数。因原题项中的程度选择范围不一致,有 1～5、1～6、1～8 和 1～10,均全部统一转化为 1～5。精简后的量化投入指标与 24 个影响因素的显著性关系如表 4-3 所示,与之前相比,并无较大差异,故可以认为对于量化投入指标的精简是有效的。

表 4-3　精简后的量化投入指标与影响因素的显著关系汇总

投入指标	2019 年样本			2020 年样本		
	差异性	相关性	百分比	差异性	相关性	百分比
周学习投入时间	7	5	50%	8	8	67%
周课外投入时间	7	2	38%	6	5	46%
周休闲娱乐时间	3	4	29%	4	5	38%
实践报告次数	8	5	54%	9	8	71%

最后对第二课堂投入指标进行精简,由图 4-1 可知,结合前一章中对第二课堂投入数据的描述性统计及差异性分析,可以只保留两项投入指标,即学术讲座和志愿服务,对于其他几项数据质量不是很高或者与主动性学习投入无太大相关性的指标,可以不纳入主要考虑学生学习性投入的指标体系。

因此,通过对 17 项高校学生投入指标的合并和精简,保留 10 项指标,作为后续建立学生投入指标体系的基础,即:周学习投入时间、周课外投入时间、周休闲娱乐时间、实践报告次数、生生互动、师生互动、学习策略、意志力、学术讲座和志愿服务。

二、高校学生投入指标体系

指标体系的建立是进行预测或评价研究的前提和基础,它是将抽象的研究对象按照其本质属性和特征的某一方面的标识分解成为具有行为化、可操作化的结构,并对指标体系中每一构成元素(即指标)赋予相应权重的过程。高校学生投入的指标体系构建的主要目的是对高校学生投入进行评价,将学生投入的若干独立特征提取出来,作为评价的具体内容。根据前面的研究结果,本研究中构建的高校学生投入指标体系包括三个方面 10 个指标。

三个方面是量化投入指标、互动投入指标和心理性投入指标。量化投入指标又包括两种类型,一种是反映学生每周平均投入时间的三个指标,包括周学习投入时间、周课外投入时间、周休闲娱乐时间,另一种是反映学生累计投入时间或次数的指标,包括实践报告次数、学术讲座次数和志愿服务时间;互动投入指标包括生生互动和师生互动;心理性投入指标包括学习策略和意志力。

各项指标之间均以数值来表示学生投入的程度,数值低代表投入程度低,数值高代表投入程度高。为便于比较,将学术讲座次数和志愿服务时长也转化为 0—5 之间的数值①。分别对 2019 年和 2020 年样本进行统计,并绘制出学生投入均值雷达图,分别(如表 4-4 和图 4-2 所示)。

表 4-4　高校学生投入指标均值

指标	2019 年样本	2020 年样本
周学习投入时间	2.35±1.19	2.21±1.03
周课外投入时间	1.42±0.51	1.50±0.52
周休闲娱乐时间	2.46±0.86	2.58±0.85
生生互动	3.03±0.60	3.22±0.62
师生互动	2.30±0.66	2.52±0.69
学习策略	3.31±0.57	3.39±0.58
意志力	3.31±0.63	3.32±0.62
实践报告次数	2.16±0.64	2.25±0.67
学术讲座次数	2.64±1.46	2.76±1.48
志愿服务时长	2.48±1.51	2.51±1.47

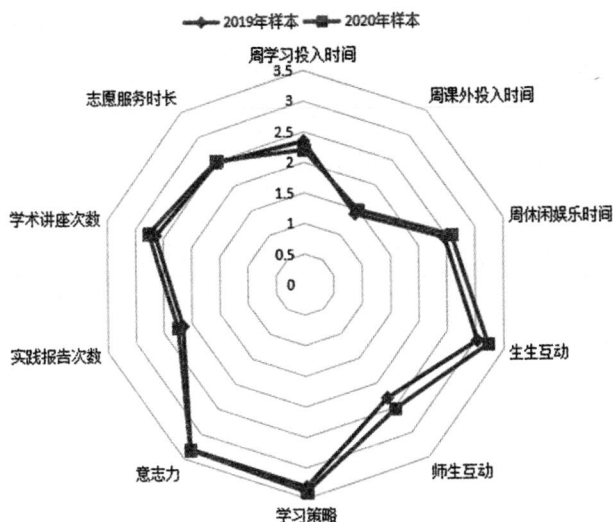

图 4-2　高校学生投入均值雷达图

根据高校学生投入均值雷达图,我们可以发现,两年的样本均值构成的形状较为相

①处理方法为以学术讲座和志愿服务 90 分位数作为基数,设定为 5,其他对应折算出 0—5 之间的数值。

似,该指标体系构成的均值雷达图可以用作对个体的高校学生投入进行初步评价,十项指标构成的多边形所覆盖的面积越大,表明学生的投入程度越高。以某校 2019 年学分绩点排名全校第一的学生为例,绘制出雷达图(如图 4-3 所示)。

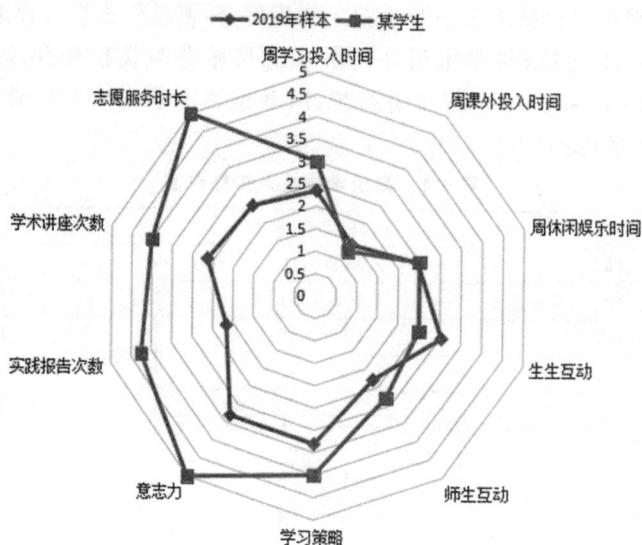

图 4-3 某学生的投入评价雷达图

该学生在周学习投入时间、师生互动、意志力,实践报告次数、学术讲座次数、志愿服务时长等指标上远超全校均值,周课外投入如时间和生生互动指标上低于全校均值,可以推测该同学可能比较关注学业成绩,将较多精力投入到学业上,与同学交流互动较少,有可能喜欢独来独往,建议他更多的与同学交流。

第二节　基于教育数据挖掘的高校学生投入类型分析

一、数据预处理及算法选择

(一)数据预处理

本研究中拟根据前一节确定的 10 项高校学生投入指标来确定学生投入的类型,并对各类型进行特征分析和评价。为便于后一步的聚类分析处理,需要将 10 项指标数据标准化,采用 SPSS 中的相关功能,将 10 项指标均转化为平均值为 0,标准差为 1 的标准化数据。

(二)算法选择

聚类算法在探索数据内在结构方面具有全面性和客观性的特点,在教育数据挖掘领域得到了较好的应用,可以从不同角度对聚类算法进行分类。从聚类结果角度,聚类算法可以分为覆盖聚类算法与非覆盖聚类算法,即如果每个数据都至少属于一个类,为覆盖聚类,否则为非覆盖聚类。聚类算法还可以分为层次聚类和非层次聚类、确定聚类和模糊聚类。从聚类变量类型的角度来看,聚类算法可以分为数值型聚类算法、分类型聚类算法和混合型聚类算法。从聚类算法的原理角度,聚类算法可以分为划分聚类算法、层次聚类算法、基于密度的聚类算法和网格聚类算法等[①]。比较常用的聚类算法包括 K-Means 算法、两步聚类算法,Kohonen 聚类算法等。

K-Means 聚类算法是一种迭代求解的聚类分析算法,其步骤是,预将数据分为 K 组,则随机选取 K 个对象作为初始的聚类中心,然后计算每个对象与各个种子聚类中心之间的距离,把每个对象分配给距离它最近的聚类中心。聚类中心以及分配给它们的对象就代表一个聚类。每分配一个样本,聚类的聚类中心会根据聚类中现有的对象被重新计算。这个过程将不断重复直到满足某个终止条件。终止条件可以是没有(或最小数目)对象被重新分配给不同的聚类,没有(或最小数目)聚类中心再发生变化,误差平方和局部最小。

两步聚类算法是 Chiu 等人 2001 年在 BIRCH 算法基础上提出的一种改进算法,适合于大型数据集的聚类研究,既可以处理数值型聚类变量,也可以同时处理分类型变量。两步聚类包括两个步骤,首先进行预聚类,采用"贯序"的方式将样本粗略划分为若干子类,该过程是聚类数目不断增加的过程。预聚类结束后进行聚类,在预聚类的基础上,根据"亲疏程度"决定哪些子类可以合并,该过程是聚类数据不断减少的过程。

Kohonen 网络聚类算法是 2001 年由芬兰科学家 Kohonen 提出的,是一种自组织特征映射网络,是无监督学习算法。Kohonen 网络采用欧式距离作为数据点"亲疏程度"的测度,通常设和与数值型聚类变量,也能够处理重新编码后的分类型聚类变量。Kohonen 网络模拟人脑神经细胞的激励,引入竞争机制实现聚类过程。

本研究中主要采用比较常用的 K—Means 聚类算法对高校学生投入指标进行聚类分析,挖掘出若干学生投入类型。

二、高校学生投入的聚类分析

已有国内外学者对高校学生投入的类型进行了详细分析。Shouping Hu(2012)基于 NSSE 的数据,将学生分为了 Academics、Unconventionals、Disengaged、Collegiates、Maximizers、Grinds、Conventionals 等 7 种类型[②]。Victor B.Sáenz(2011)对美国 663 所社区学院 32 万名学生的分析得出 15 种投入类型[③]。杨院(2017)基于厦门大学的国家大学生学习情况调查数据库 30 所本科院校的 48 993 名学生的分析,将学生学习投入分为"全

①薛薇等.SPSS Modeler 数据挖掘方法及应用[M].电子工业出版社,2014:231—232.

②Shouping,Hu,Alexander,et al.An Engagement—Based Student Typology and Its Relationship to College Outcomes[J].Research in Higher Education,2012,53(7):738—754.

③Saenz V B , D Hatch,Bukoski B E , et al.Community College Student Engagement Patterns:A Typology Revealed Through Exploratory Cluster Analysis[J].Community College Review,2011,39(3): 235—267.

力投入型""投入均衡型""同伴依赖型"" 教师依赖型""通过考试型"和"学习抵触型"六种类型[①]。李丹(2016)基于华中科技大学 SSLD 调查的数据,将学生投入分为游离型、自主型、传统型、学院型、全面型、社交型和叛逆型等七种类型[②]。于海琴(2016)将重点大学拔尖实验班学生的学习投入分为老鹰型、考拉型和海豚型等三种类型[③]。陆根书(2017)等基于西安交通大学大学生学习经历调查数据,根据在常规和在线学习情景下的学生投入行为,可将学生分为"被动型""传统型""网络型"和"积极型"四种类型[④]。这表明学生投入的类型具有复杂性和不确定性。

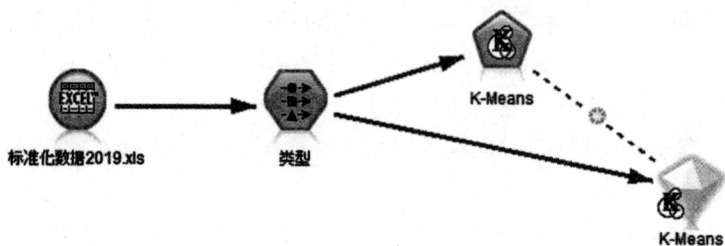

图 4-4 K-Means 聚类运行界面图

根据标准化后的学生投入指标,应用 SPSS Modeler 中的 K-Means 算法进行聚类分析,由于 K-Means 算法需要预先确定聚类数,所以对 2019 年和 2020 年样本分别按照预设 2 类到 7 类进行聚类分析,运行界面见图 4-4,各聚类大小及最大最小类比如表 4-5 所示。

表 4-5 各聚类大小及最大最小类比

聚类数	2019 年		2020 年	
	各类占比	类比	各类占比	类比
2 类	59.2%,40.8%	1.45	57.6%,42.4%	1.36
3 类	48.6%,27.6%,23.8%	2.04	42.5%,33.4%,24.1%	1.77
4 类	37.4%,24.9%,20.4%,17.3%	2.16	39.8%,21.9%,19.4%,18.9%	2.10
5 类	30.0%,22.1%,19.9%,18.4%,9.6%	3.13	34.3%,21.7%,16.3%,14.6%,13.0%	2.63
6 类	22.1%,21.3%,21.2%,14.1%,13.3%,7.9%	2.79	24.5%,22.3%,18.9%,16.2%,11.%,7.0%	3.50
7 类	24.6%,19.0%,17.7%14.9%,9.6%,7.5%,6.8%	3.60	23.7%,17.0%,15.9%,15.1%,13.2%,8.4%,6.6%	3.58

①杨院,李艳娜,丁楠.大学生学习投入类型及其与学习收获关系的实证研究[J].高教探索,2017(03):74−77.

②李丹,张俊超.学生投入视角下学生类型对学习效果的影响研究——基于 H 大学本科生学习与发展调查[J].高等工程教育研究,2016(04):117−123.

③于海琴,代晓庆,邵丽婷,牛慧娟.拔尖大学生的学习特征与类型:与普通班的比较[J].复旦教育论坛,2016,14(05):39−44.

④陆根书,刘秀英.常规和在线学习情景下学生投入特征及类型——基于西安交通大学大学生学习经历调查数据[J].高等工程教育研究,2017(03):129−136.

进一步,对每一聚类中的各项投入指标进行单因素方差分析(2 类的进行独立样本 t 检验),结果如表 4-6 与表 4-7 所示。

表 4-6　2019 年样本聚类效果比较

投入指标	2 类	3 类	4 类	5 类	6 类	7 类
周学习投入时间	62.32	2144	1331	1270	1015	929.48
周课外投入时间	1.46	41.12	26.72	35.84	33.60	83.54
周休闲娱乐时间	−12.57	66.97	1070	705.44	556.72	459.28
生生互动	12.96	424.45	237.87	281.61	222.47	196.82
师生互动	11.98	495.32	301.72	316.33	255.97	231.17
学习策略	16.98	555.60	346.15	367.92	263.48	259.28
意志力	20.68	377.36	275.64	283.99	227.41	211.353
实践报告次数	7.02	211.59	110.26	122.83	111.61	116.24
学术讲座次数	8.55	31.70	24.94	26.95	158.82	123.35
志愿服务时长	7.84	28.02	21.99	26.52	132.34	106.87

表 4-7　2020 年样本聚类效果比较

投入指标	2 类	3 类	4 类	5 类	6 类	7 类
周学习投入时间	52.46	1638	1466	1119	1254	1041
周课外投入时间	8.06	19.13	28.61	62.26	49.95	53.06
周休闲娱乐时间	−11.49	2362	1329	1281	1012	770.38
生生互动	24.90	239.24	454.81	360.58	334.47	277.23
师生互动	27.28	337.42	544.73	503.69	404.79	333.65
学习策略	30.91	376.91	572.82	425.13	426.72	350.10
意志力	29.88	436.92	413.87	351.62	341.25	295.75
实践报告次数	13.62	113.39	109.19	139.58	164.89	127.64
学术讲座次数	6.08	14.66	7.91	10.27	11.61	124.94
志愿服务时长	5.41	12.46	8.05	7.43	9.28	200.29

2019 年样本聚为 2 类时,周课外投入时间指标不具有显著性。其他所有指标在各个聚类中都具有显著差异,说明聚类结果从统计学意义上是可以接受的。结合两年的样本数据情况及上表 F 值结果,本研究中将学生投入分为 7 个类型。

基于 2019 年样本数据,绘制出各聚类的聚类中心与均值的比较雷达图,此处使用的投入指标均为标准化数据,所以均值为 0。

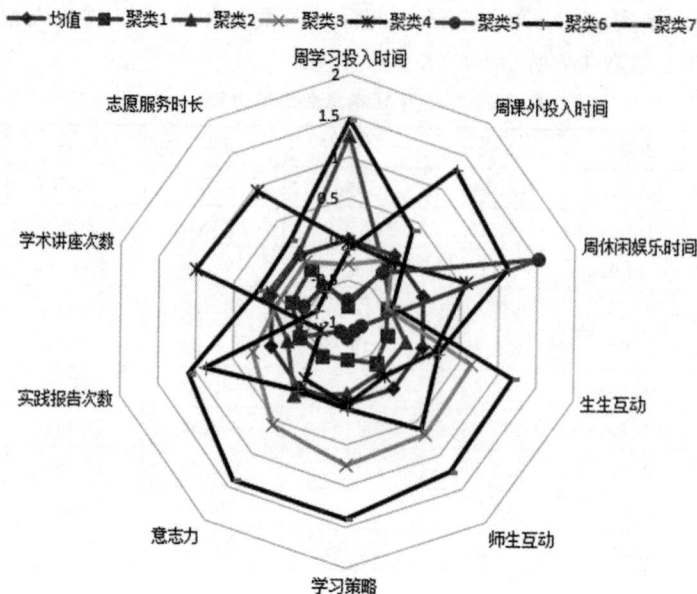

图 4-5 7 个聚类比较图(2019 年样本)

以下分别对各个聚类进行特征分析。

聚类 1 中包含了 24.6% 的学生,其主要特征所有投入指标均低于均值,也就是这类学生在所有的各类投入中都不够积极,相当"消极""佛系""养老",为这一类学生命名为"全面消极"型。

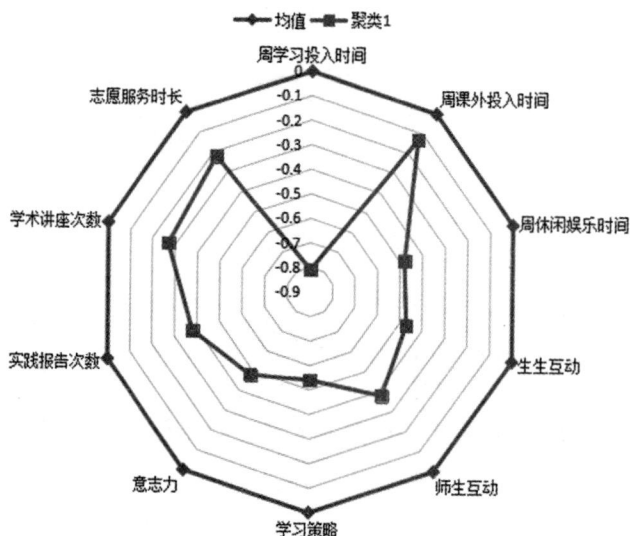

图 4-6 聚类 1 的雷达图

聚类 2 中包含了 19.0% 的学生,最明显的特征是周学习投入时间远远超过均值,但在其他大多数投入指标上都低于均值,不愿意参与各类活动,不愿意与学生和教师互动,有点"书呆子",给这类学生命名为"积极学习"型。

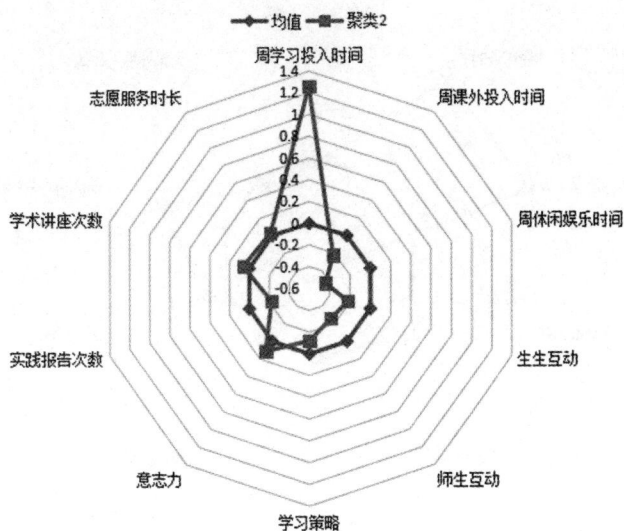

图 4-7　聚类 2 的雷达图

　　聚类 3 中有 17.7％的学生,这类学生的主要特征是互动水平高,学习策略和意志力强,但在学习投入时间、课外投入时间、学术讲座次数、志愿服务时长等指标上低于均值,将这类学生命名为"积极互动"型。

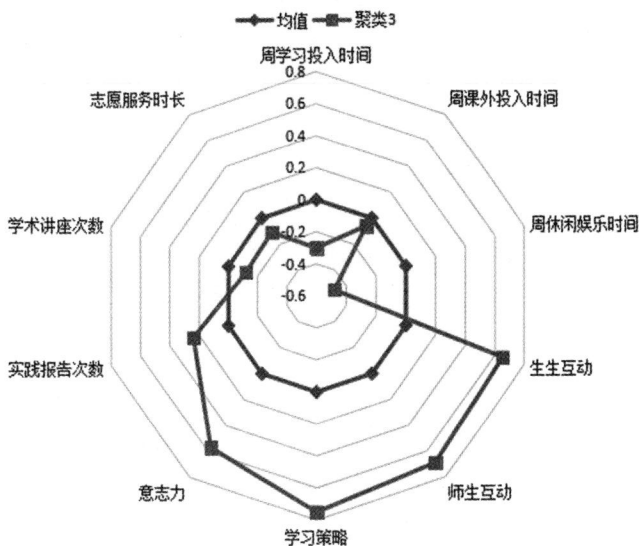

图 4-8　聚类 3 的雷达图

　　聚类 4 中包含了 14.9％的学生,这类学生的投入特征是参与学术讲座、志愿服务和休闲娱乐的时长远超均值,生生互动的水平也相对较高,故给这类学生命名为"积极社交"型。

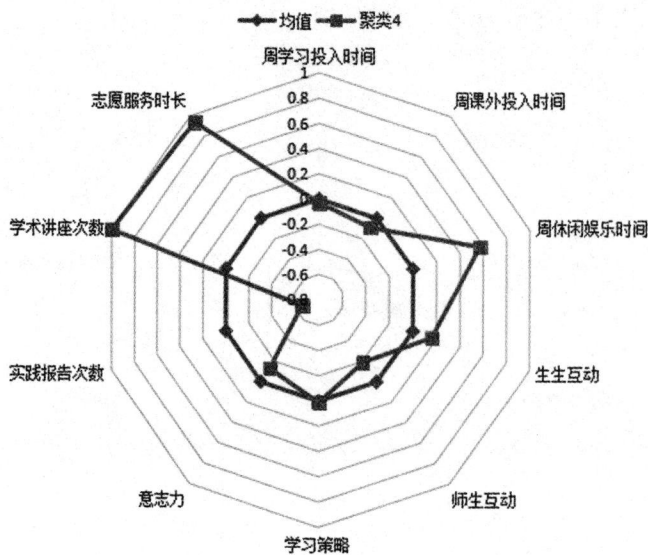

图 4-9　聚类 4 的雷达图

聚类 5 包括了 9.6％的学生,其特征相对比较明显,也就是周休闲娱乐时间远超于其他类别学生,所以将这类学生命名为"休闲娱乐"型。

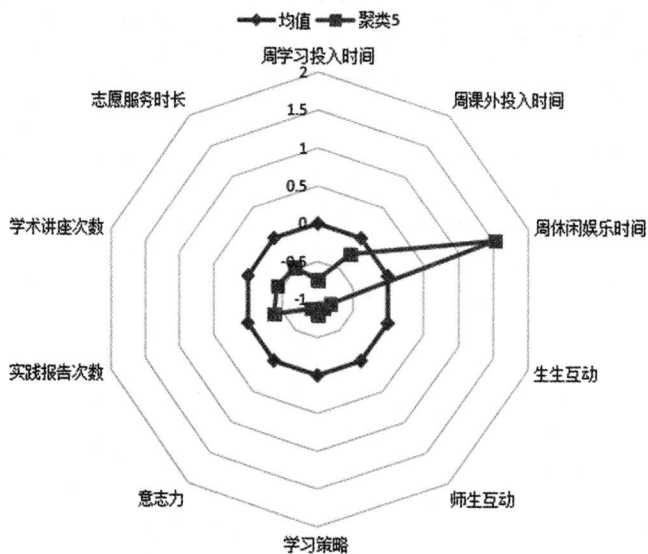

图 4-10　聚类 5 的雷达图

聚类 6 包含了 7.5％的学生,其特征是走课外投入时间、周休闲娱乐时间、生生互动、师生互动水平均远高于均值,但周学习投入时间、参与学术讲座次数和志愿服务时长均低于均值,故将这类学生命名为"课外活跃"型。

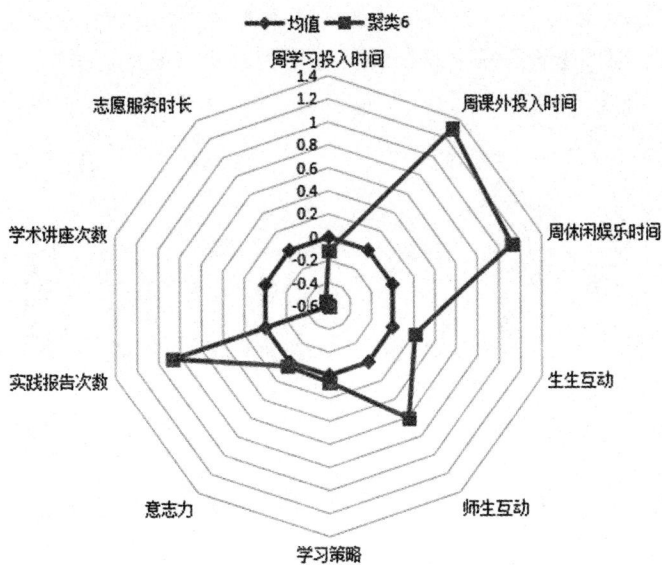

图 4-11　聚类 6 的雷达图

聚类 7 中包含了 6.8％的学生,其特征相对鲜明,除了周休闲娱乐时间低于均值外,其他各项投入指标均高于均值,反映这类学生较为主动积极地投入到学校的各项活动中,故将聚类 7 的学生定义为"全面积极"型。

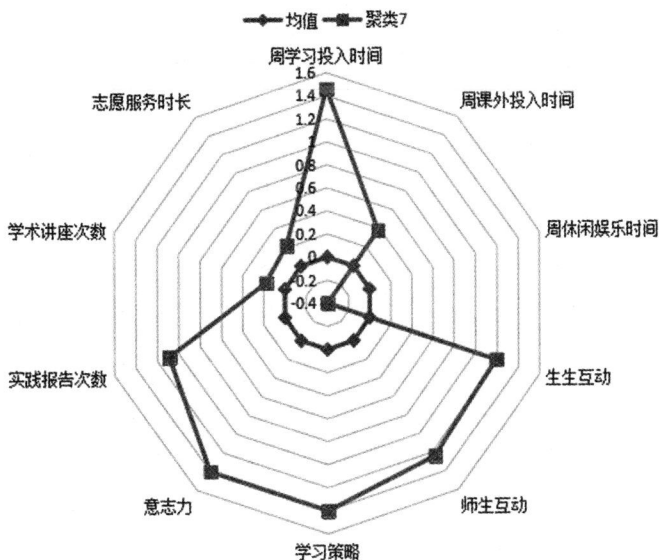

图 4-12　聚类 7 的雷达图

通过对 2019 年样本的聚类分析,我们找到并定义了 7 种投入类型的学生:全面积极型、全面消极型、积极学习型、积极社交型、积极互动型、休闲娱乐型、课外活跃型。对于

2020 年样本同样进行聚类分析,我们也能够发现大体相当的结果,特别是全面积极型、全面消极型、积极学习型、休闲娱乐型这四种特征更为鲜明的类别(如图 4-13 所示)。

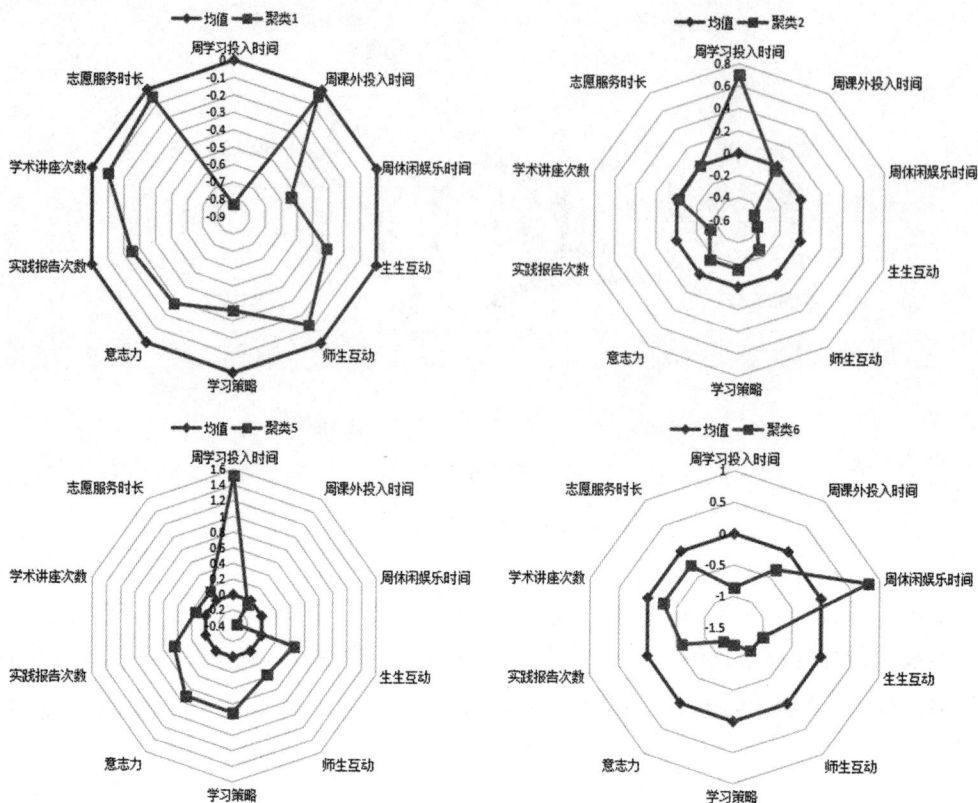

图 4-13　2020 年样本的聚类结果雷达图(部分)

三、聚类结果分析与评价

为验证聚类结果,对 2019 年样本 7 个聚类的学生的基本情况进行分析,主要从性别、民族、城乡、来源、家庭背景几个维度分别统计每一种类别的学生占比,结果如表 4-8 所示。可见,聚类 5 中女生占 93.7%,远高于其他聚类中的女生占比;文学学科学生在聚类 4 中的比例为 10%,高于在其他聚类中的相应比例。总体而言,各聚类中学生特征是接近平衡的。

表 4-8　2019 年样本各聚类学生基本情况分布

百分比	聚类 1	聚类 2	聚类 3	聚类 4	聚类 5	聚类 6	聚类 7
性别:女生	71.60%	69.80%	71.60%	93.70%	67.80%	63.00%	65.40%
民族:汉族	93.40%	91.30%	92.60%	89.40%	92.50%	91.50%	94.00%
城乡:城镇	62.60%	64.40%	71.00%	60.20%	67.80%	70.50%	73.10%
地区:东部	71.60%	68.00%	73.70%	68.60%	77.60%	73.50%	70.90%
中部	9.60%	13.40%	11.00%	13.60%	7.80%	12.50%	13.70%
西部	18.80%	18.60%	15.30%	17.60%	14.50%	14.00%	15.40%

百分比	聚类1	聚类2	聚类3	聚类4	聚类5	聚类6	聚类7
来源地:省会	14.40%	15.40%	18.90%	13.10%	16.10%	20.00%	22.50%
地级市	37.30%	34.60%	37.10%	33.80%	42.00%	39.00%	34.60%
县级市	29.90%	27.70%	31.60%	33.50%	23.50%	28.00%	27.50%
农村	18.50%	22.30%	12.50%	19.60%	18.40%	13.00%	15.40%
贫困生	14.00%	15.20%	9.30%	19.40%	11.00%	10.00%	12.10%
父:大学及以上	20.00%	25.50%	32.00%	22.40%	22.40%	29.50%	36.30%
大专	19.40%	15.80%	19.30%	17.10%	17.30%	16.00%	16.50%
中专或高中	31.10%	31.80%	30.70%	30.00%	31.40%	28.50%	29.10%
初中及以下	29.50%	26.90%	18.00%	30.50%	29.00%	26.00%	18.10%
母:大学及以上	15.40%	18.00%	23.50%	16.40%	14.10%	21.00%	28.00%
大专	14.20%	16.20%	18.60%	15.90%	20.40%	18.00%	14.80%
中专或高中	32.70%	30.60%	29.00%	29.50%	28.20%	32.50%	33.00%
初中及以下	37.70%	35.20%	28.80%	38.30%	37.30%	28.50%	24.20%
学科:经济学	26.30%	28.10%	22.20%	27.50%	30.60%	26.00%	26.90%
管理学	56.20%	50.30%	59.50%	52.10%	55.30%	56.00%	53.30%
法学	9.50%	15.00%	11.40%	15.10%	6.70%	6.50%	10.40%
文学	4.30%	2.00%	4.20%	2.50%	3.10%	10.00%	3.80%
理学	1.80%	2.40%	1.50%	2.30%	3.10%	1.00%	4.40%
工学	2.00%	1.80%	1.10%	0.50%	1.20%	0.50%	1.10%
文理科:理科	54.00%	61.90%	57.20%	55.70%	58.40%	53.00%	61.00%

进一步,对2019年样本各聚类学生的学生产出包括学分绩点、大学收获、专业满意度、学校满意度差异进行分析(如表4-9所示)。

表4-9　2019年样本各聚类学生产出差异性分析

聚类	学分绩点	大学收获	专业满意度	学校满意度
聚类1(全面消极型)	2.86±0.58	3.25±0.66	3.16±0.80	3.16±0.86
聚类2(积极学习型)	3.09±0.53	3.44±0.64	3.31±0.84	3.14±0.91
聚类3(积极互动型)	3.00±0.52	3.85±0.61	3.63±0.81	3.51±0.86
聚类4(第二课堂型)	3.22±0.42	3.51±0.64	3.38±0.74	3.24±0.84
聚类5(休闲娱乐型)	2.77±0.56	3.08±0.74	2.91±0.87	2.98±0.89
聚类6(课外活跃型)	2.86±0.57	3.54±0.64	3.39±0.79	3.36±0.78
聚类7(全面积极型)	3.14±0.53	4.12±0.74	3.92±0.91	3.55±1.08
F值	33.80***	84.52***	43.81***	17.46***

注:*** 显著性水平为0.01

从表4-9中可知,各聚类之间的四种类型产出存在着显著的差异,F值均在0.01水平上显著,这说明通过投入指标对学生进行聚类是有效的,能够反映学生之间的投入差异以及由之引起的产出差异。我们可以发现,全面积极型的学生拥有较高的产出,其自我感知的大学收获、专业满意度、学校满意度的均值在各个聚类中都是最高的,学分绩点也排在第二位;全面消极型则与全面积极型相反,其学分绩点排名较低,大学收获、专业满意度和学校满意度也都排名在倒数第二或第三。休闲娱乐型学生的各类产出均为最低。积极互动性学生自我感知的大学收获、专业满意度和学校满意度均排名第二,说明此类学生对学校提供的各种环境较为适应且乐于与教师、学生进行交流。积极学习型学生的学分绩点排名较高(第三),但对于学校的满意度和专业满意度排名均不算高,说明这类学生对于学校提供的相应资源特别是第二课堂资源不太满意,只把时间投入到学习上以追求一个好的学分绩点。课外活跃型的学生自我感知的大学收获和对专业、学校的满意度都还可以,但学分绩点在 7 个类别中排名不高,说明此类学生对学校环境满意但不追求高的学业成绩。

通过对聚类结果的再度验证分析,我们可以认为,通过确定高校学生投入指标体系,采集相关投入数据,利用教育数据挖掘方法对学生投入类型进行聚类分析是可行且有效的。

第三节　高校学生投入指标的有效性评价

一、学生投入指标在预测学业表现中的有效性

学业表现的影响因素包括学生个人特征、学校环境、学生投入等,分别使用五种分类算法,训练集和测试集分别为 70% 和 30%,对学业表现低(后 25%)和学业表现高(前 25%)分别进行预测,分析学生投入指标在预测学业表现中的有效性。

首先基于 2019 年样本,分别以个人特征、个人特征+学校环境、个人特征+学校环境+投入指标作为预测变量,学业表现低作为目标变量(处理为 0 和 1),运用决策树(C5.0)、贝叶斯网络、人工神经网络、支持向量机和逻辑回归等五种分类算法进行分类预测,各种算法在训练集和测试集上的正确率、精确度和灵敏度结果分别如表 4-10、表 4-11 和表 4-12 所示。

表 4-10　学业表现低的分类有效性比较(个人特征)

分类器	数据集	正确率	精确度	灵敏度
决策树	训练集	76.06%	61.22%	12.55%
	测试集	75.72%	54.55%	9.60%
贝叶斯网络	训练集	76.85%	62.25%	19.67%
	测试集	75.46%	51.56%	17.55%
人工神经网络	训练集	75.12%	51.02%	20.92%
	测试集	74.41%	45.57%	19.15%
支持向量机	训练集	83.41%	79.56%	45.61%
	测试集	73.88%	45.45%	29.26%
逻辑回归	训练集	76.06%	60.58%	13.18%
	测试集	74.67%	45.10%	12.92%

表 4-11　学业表现低的分类有效性比较(个人特征＋学校环境)

分类器	数据集	正确率	精确度	灵敏度
决策树	训练集	79.58%	81.56%	24.06%
	测试集	75.07%	48.00%	12.77%
贝叶斯网络	训练集	77.74%	65.34%	24.06%
	测试集	74.93%	49.25%	17.84%
人工神经网络	训练集	75.85%	55.42%	19.25%
	测试集	74.80%	46.67%	14.89%
支持向量机	训练集	85.09%	81.08%	52.93%
	测试集	73.10%	43.51%	30.32%
逻辑回归	训练集	76.01%	58.54%	15.06%
	测试集	76.25%	56.36%	16.49%

表 4-12　学业表现低的分类有效性比较(个人特征＋学校环境＋投入指标)

分类器	数据集	正确率	精确度	灵敏度
决策树	训练集	82.10%	73.22%	45.19%
	测试集	75.33%	50.00%	28.19%
贝叶斯网络	训练集	80.84%	67.59%	51.85%
	测试集	74.28%	45.91%	30.60%
人工神经网络	训练集	77.22%	58.59%	31.38%
	测试集	77.56%	59.55%	28.19%
支持向量机	训练集	88.87%	84.27%	68.41%
	测试集	74.67%	48.30%	37.77%
逻辑回归	训练集	78.11%	61.69%	33.68%
	测试集	78.22%	61.22%	31.91%

从表 4-10、4-11、4-12 中的数据可以发现,单独以个人特征作为预测变量时,所有分类算法的灵敏度都较低,随着学校环境、投入指标的增加,各算法的灵敏度都有所提高,比如逻辑回归算法测试集灵敏度分别为 12.92%、16.49% 和 31.91%。从正确率来看,预测变量的增加并未明显提升正确率。支持向量机算法在训练集中的正确率最高达到 88.87%。在精确度上,支持向量机算法在训练集中最高达到 84.27%,但测试集中仅有 48.30%,存在过拟合的情况。人工神经网络算法训练集和测试集各项指标比较接近,相对稳定。

从预测变量重要性来看,各分类算法的结果略有不同。决策树 C5.0 算法最重要的预测变量为志愿服务和学术讲座,其他依次为学科、性别、民族、学习策略、是否贫困、母亲受教育水平、文理科和学校支持,投入指标在 10 个重要预测变量中占了 3 个,个人特征 6 个,学校环境 1 个。逻辑回归最重要的预测变量也是志愿服务和学术讲座,其他重要变量包括性别、学科、生生互动、地区、师生互动、课程设置、周学习投入时间、学校支持,10 个预测变量中,投入指标 5 个,个人特征 3 个,学校环境 2 个。

2019 年样本的学业表现高的分类有效性比较结果如表 4-13 所示。

表 4-13　学业表现高的分类有效性比较(个人特征＋学校环境＋投入指标)

分类器	数据集	正确率	精确度	灵敏度
决策树	训练集	81.31%	79.17%	32.47%
	测试集	70.21%	41.93%	18.39%
贝叶斯网络	训练集	80.89%	67.79%	43.16%
	测试集	69.29%	47.50%	27.14%
人工神经网络	训练集	76.80%	57.74%	20.73%
	测试集	71.78%	47.82%	15.57%
支持向量机	训练集	87.72%	80.47%	66.03%
	测试集	70.34%	46.35%	41.98%
逻辑回归	训练集	77.53%	59.01%	27.99%
	测试集	72.70%	51.85%	26.42%

各分类算法的各项指标与预测学业表现低的较为接近。以逻辑回归算法为例,比较重要的预测变量包括学术讲座、志愿服务、周学习投入时间、文理科、生生互动、性别、师生互动、学校支持、母亲受教育水平、实践报告次数,投入指标在 10 个重要预测变量中占了 6 个。

同样,对 2020 年样本分别预测学业表现低和学业表现高,各分类的有效性如表 4-14 和表 4-15 所示。

表 4-14　学业表现低的分类有效性比较

分类器	数据集	正确率	精确度	灵敏度
决策树	训练集	84.59%	77.83%	53.10%
	测试集	76.27%	55.19%	35.44%
贝叶斯网络	训练集	80.64%	63.57%	51.74%
	测试集	73.68%	47.89%	32.16%
人工神经网络	训练集	78.12%	58.96%	39.33%
	测试集	77.07%	57.69%	36.84%
支持向量机	训练集	82.07%	63.14%	66.87%
	测试集	72.17%	45.26%	45.26%
逻辑回归	训练集	78.87%	62.72%	57.67%
	测试集	76.81%	36.91%	32.98%

表 4-15　学业表现高的分类有效性比较

分类器	数据集	正确率	精确度	灵敏度
决策树	训练集	79.89%	69.87%	32.21%
	测试集	73.51%	50.00%	20.88%
贝叶斯网络	训练集	79.62%	62.36%	43.51%
	测试集	75.38%	56.31%	36.15%
人工神经网络	训练集	76.69%	54.59%	31.76%
	测试集	76.09%	59.60%	30.30%

分类器	数据集	正确率	精确度	灵敏度
支持向量机	训练集	84.32%	71.25%	60.92%
	测试集	73.51%	50.00%	40.07%
逻辑回归	训练集	76.99%	57.14%	26.26%
	测试集	75.20%	57.48%	24.58%

各分类算法在 2020 年样本预测中的总体有效性指标与 2019 年样本接近。以逻辑回归算法为例,预测学业表现低的重要变量包括学术讲座,志愿服务、地区、性别、文理科、学科类别,母亲受教育水平、周学习投入时间和周课外投入时间,预测学业表现高的重要变量包括学术讲座、志愿服务、性别、学科、地区、周学习投入时间、师生互动、文理科、实践报告次数和学习策略。

二、学生投入指标在预测大学收获中的有效性

基于 2019 年样本数据,以个人特征、学校环境、投入指标为预测变量,对大学收获低(25 分位)进行预测,结果如表 4-16、表 4-17 和表 4-18 所示。

表 4-16　大学收获低的分类有效性比较(个人特征)

分类器	数据集	正确率	精确度	灵敏度
决策树	训练集	66.71%	0%	0%
	测试集	69.15%	0%	0%
贝叶斯网络	训练集	67.72%	63.38%	7.10%
	测试集	68.01%	37.04%	4.26%
人工神经网络	训练集	66.72%	50%	0%
	测试集	68.64%	0.5%	0%
支持向量机	训练集	76.80%	75.95%	44.32%
	测试集	58.79%	27.93%	21.28%
逻辑回归	训练集	66.98%	57.58%	3.00%
	测试集	68.11%	27.78%	2.13%

表 4-17　大学收获低的分类有效性比较(个人特征＋学校环境)

分类器	数据集	正确率	精确度	灵敏度
决策树	训练集	81.47%	74.43%	67.51%
	测试集	78.61%	66.21%	62.55%
贝叶斯网络	训练集	78.27%	66.47%	70.03%
	测试集	78.87%	67.11%	65.38%
人工神经网络	训练集	78.27%	66.57%	69.72%
	测试集	78.74%	64.66%	68.51%
支持向量机	训练集	85.98%	81.15%	75.39%
	测试集	73.10%	57.08%	51.49%

分类器	数据集	正确率	精确度	灵敏度
逻辑回归	训练集	76.12%	67.79%	53.79%
	测试集	78.22%	68.85%	53.62%

表 4-18 大学收获低的分类有效性比较(个人特征＋学校环境＋投入指标)

分类器	数据集	正确率	精确度	灵敏度
决策树	训练集	84.88%	80.14%	72.56%
	测试集	77.43%	68.85%	53.62%
贝叶斯网络	训练集	80.68%	70.68%	72.24%
	测试集	76.51%	64.78%	64.78%
人工神经网络	训练集	79.84%	72.16%	64.20%
	测试集	78.22%	66.35%	59.57%
支持向量机	训练集	90.34%	86.64%	83.91%
	测试集	76.12%	61.99%	58.30%
逻辑回归	训练集	80.37%	72.97%	65.14%
	测试集	80.18%	70.59%	61.28%

由上面三张表的数据,单独以个人特征来预测大学收获低的灵敏度都较低,决策树算法和人工神经网络算法的灵敏度均为 0%,说明单独以个人特征来预测大学收获低不具有有效性。增加学校环境预测变量后,各分类算法的各项指标都有了很大的提升。增加投入指标后,各项指标略有提升,比如逻辑回归算法,训练集和测试集的灵敏度分别提升了 12% 和 8%。

学校环境变量在预测大学收获低中占据较重要的地位,以贝叶斯网络算法为例,排名前三名的是学校支持、教师教学和课程设置,投入指标中的师生互动、生生互动、周课外投入时间、周学习投入时间也是重要预测变量。

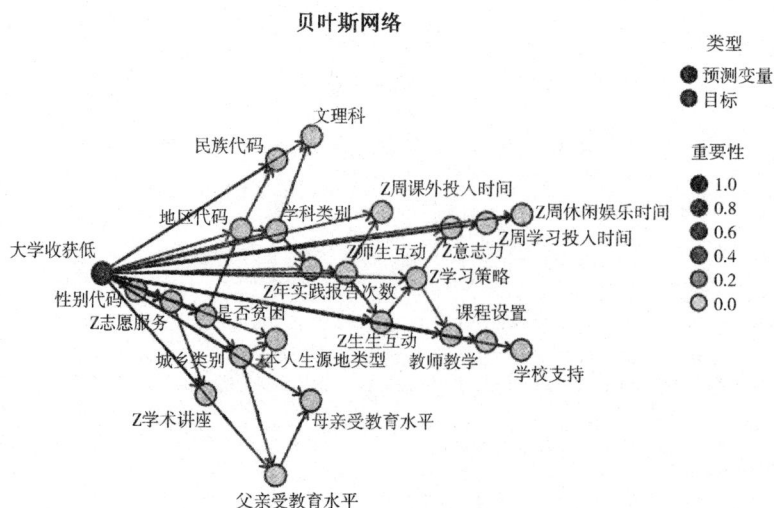

图 4-14 贝叶斯网络分类预测结果图

对于 2019 年样本数据,预测大学收获高的分类有效性指标如表 4-19 所示。

表 4-19　大学收获高的分类有效性比较(个人特征＋学校环境＋投入指标)

分类器	数据集	正确率	精确度	灵敏度
决策树	训练集	89.55%	80.94%	81.40%
	测试集	81.50%	65.14%	68.60%
贝叶斯网络	训练集	84.72%	73.60%	70.10%
	测试集	77.82%	62.50%	62.19%
人工神经网络	训练集	83.83%	73.96%	64.14%
	测试集	82.68%	71.43%	60.39%
支持向量机	训练集	93.44%	90.36%	85.39%
	测试集	80.84%	64.73%	64.73%
逻辑回归	训练集	84.25%	76.09%	62.81%
	测试集	83.46%	75.47%	57.97%

各分类算法均有较好的预测表现,决策树算法的灵敏度在训练集和测试集上分别为 81.40% 和 68.60%。支持向量机算法在训练集中的正确率和精确度都超过 90%,灵敏度达到 85%。

对于预测大学收获高的重要变量,以决策树算法为例,最高的为学校支持,其他为学习策略、课程设置、教师教学、意志力、本人生源地类型、周课外投入时间、文理科、学科、民族,投入指标占 3 项。

同样,对 2020 年样本分别预测大学收获低(25 分位)和大学收获高(75 分位),各分类的有效性见表 4-20 和表 4-21。

表 4-20　大学收获低的分类有效性比较

分类器	数据集	正确率	精确度	灵敏度
决策树	训练集	87.90%	84.28%	77.08%
	测试集	79.89%	66.44%	63.06%
贝叶斯网络	训练集	81.56%	71.92%	70.79%
	测试集	77.65%	64.90%	63.23%
人工神经网络	训练集	78.72%	70.73%	58.65%
	测试集	80.07%	68.66%	58.60%
支持向量机	训练集	88.70%	83.88%	80.67%
	测试集	78.58%	64.19%	60.51%
逻辑回归	训练集	79.23%	70.10%	62.70%
	测试集	81.19%	70.29%	61.78%

表 4-21　大学收获高的分类有效性比较

分类器	数据集	正确率	精确度	灵敏度
决策树	训练集	90.89%	85.64%	82.41%
	测试集	79.14%	65.79%	62.50%

分类器	数据集	正确率	精确度	灵敏度
贝叶斯网络	训练集	83.75%	73.21%	69.34%
	测试集	76.91%	64.00%	62.34%
人工神经网络	训练集	80.83%	68.29%	63.32%
	测试集	79.70%	67.11%	62.50%
支持向量机	训练集	87.90%	76.36%	84.42%
	测试集	74.49%	56.50%	62.50%
逻辑回归	训练集	84.04%	76.88%	64.32%
	测试集	80.63%	69.72%	61.88%

仍以决策树算法为例,预测大学收获低的重要变量包括学校支持、学习策略、教师教学、意志力、生生互动、课程设置、学科、周学习投入时间、母亲受教育水平、志愿服务等。预测大学收获高的重要变量包括学校支持、学习策略、课程设置、意志力、教师教学、父亲受教育水平、是否贫困、周学习投入时间、文理科、周课外投入时间。

三、学生投入指标在预测专业满意度中的有效性

基于2019年样本数据,以个人特征、学校环境、投入指标为预测变量,对专业满意度高(75分位)进行预测,结果见表4-22、表4-23和表4-24。

表4-22　专业满意度高的分类有效性比较(个人特征)

分类器	数据集	正确率	精确度	灵敏度
决策树	训练集	61.15%	0%	0%
	测试集	59.19%	0%	0%
贝叶斯网络	训练集	60.89%	48.59%	46.38%
	测试集	58.53%	11.62%	10.32%
人工神经网络	训练集	61.05%	45.45%	1.35%
	测试集	59.71%	75.00%	1.93%
支持向量机	训练集	73.49%	73.55%	49.59%
	测试集	57.61%	47.27%	33.44%
逻辑回归	训练集	60.94%	45.24%	2.57%
	测试集	59.06%	46.15%	1.93%

表4-23　专业满意度高的分类有效性比较(个人特征＋学校环境)

分类器	数据集	正确率	精确度	灵敏度
决策树	训练集	73.65%	70.38%	65.38%
	测试集	68.64%	55.54%	49.20%
贝叶斯网络	训练集	73.28%	67.37%	64.13%
	测试集	69.03%	60.54%	57.28%
人工神经网络	训练集	73.02%	66.32%	62.03%
	测试集	70.34%	65.57%	57.56%

分类器	数据集	正确率	精确度	灵敏度
支持向量机	训练集	82.68%	80.15%	73.65%
	测试集	67.98%	63.45%	50.80%
逻辑回归	训练集	72.86%	68.37%	56.08%
	测试集	71.00%	68.91%	52.73%

表 4-24　专业满意度高的分类有效性比较(个人特征＋学校环境＋投入指标)

分类器	数据集	正确率	精确度	灵敏度
决策树	训练集	80.58%	80.33%	66.22%
	测试集	69.16%	64.73%	53.70%
贝叶斯网络	训练集	74.75%	68.63%	64.63%
	测试集	67.06%	62.83%	55.78%
人工神经网络	训练集	73.02%	66.24%	62.30%
	测试集	69.95%	64.64%	58.20%
支持向量机	训练集	86.56%	84.77%	79.73%
	测试集	67.72%	61.90%	54.34%
逻辑回归	训练集	73.39%	69.13%	56.89%
	测试集	70.60%	67.33%	54.34%

逻辑回归算法中的重要预测变量包括：学校支持、教师教学、学习策略、课程设置、意志力、周学习投入时间、父亲受教育水平、实践报告次数、周休闲娱乐时间、地区。人工神经网络算法中的重要预测变量有学校支持、教师教学、实践报告次数、学习策略、课程设置、师生互动、学术讲座、意志力、周休闲娱乐时间、周学习投入时间。决策树算法中的重要预测变量包括：学校支持、学习策略、意志力、课程设置、教师教学、本人生源地类型、性别、生生互动、民族、地区。贝叶斯网络的重要预测变量有课程设置、学校支持、教师教学、母亲受教育水平、志愿服务、实践报告次数、意志力、生生互动、父亲受教育水平、民族。

基于2020年样本对专业满意度高的分类预测结果如表 4-25 所示。

表 4-25　专业满意度高的分类有效性比较

分类器	数据集	正确率	精确度	灵敏度
决策树	训练集	76.32%	74.96%	78.59%
	测试集	71.45%	69.91%	71.72%
贝叶斯网络	训练集	76.17%	75.94%	71.67%
	测试集	71.99%	76.17%	70.87%
人工神经网络	训练集	75.19%	76.40%	72.47%
	测试集	71.45%	70.65%	69.87%
支持向量机	训练集	82.97%	83.55%	81.85%
	测试集	68.42%	66.97%	68.21%
逻辑回归	训练集	75.11%	74.96%	74.96%
	测试集	72.26%	70.61%	72.83%

逻辑回归算法的重要预测变量有学校支持、教师教学、意志力、课程设置、学习策略、学科类别、文理科、休闲娱乐时间、实践报告次数、师生互动。人工神经网络的重要预测变量包括学校支持、意志力、教师教学、课程设置、学习策略、生生互动、师生互动、休闲娱乐、课外活动、学习投入时间。决策树算法重要预测变量包括学校支持、教师教学、课程设置、意志力、学科类别、生源地类型、生生互动、地区、学习策略、性别。贝叶斯网络的重要预测变量有学校支持、意志力、教师教学、课程设置、学科类别、学习策略、休闲娱乐时间、生源地类型、学术讲座、父亲受教育水平。

四、学生投入指标在预测学校满意度中的有效性

基于 2019 年样本数据，以个人特征、学校环境、投入指标为预测变量，对学校满意度高(75 分位)进行预测，结果如表 4-26、表 4-27 和表 4-28 所示。

表 4-26　学校满意度高的分类有效性比较(个人特征)

分类器	数据集	正确率	精确度	灵敏度
决策树	训练集	64.67%	0%	0%
	测试集	63.65%	0%	0%
贝叶斯网络	训练集	65.25%	56.96%	6.69%
	测试集	62.20%	33.33%	3.61%
人工神经网络	训练集	64.04%	41.18%	4.16%
	测试集	63.65%	50.00%	5.42%
支持向量机	训练集	75.49%	75.50%	45.32%
	测试集	56.82%	35.06%	22.02%
逻辑回归	训练集	64.62%	42.86%	0.45%
	测试集	63.65%	50.00%	0.36%

表 4-27　学校满意度高的分类有效性比较(个人特征＋学校环境)

分类器	数据集	正确率	精确度	灵敏度
决策树	训练集	79.84%	76.42%	62.11%
	测试集	72.57%	66.50%	49.46%
贝叶斯网络	训练集	75.22%	67.06%	58.69%
	测试集	71.52%	63.56%	54.35%
人工神经网络	训练集	75.49%	67.40%	59.29%
	测试集	72.70%	64.94%	54.15%
支持向量机	训练集	84.46%	83.13%	70.28%
	测试集	68.50%	57.68%	50.18%
逻辑回归	训练集	75.59%	70.23%	53.64%
	测试集	71.92%	65.37%	48.38%

表 4-28　学校满意度高的分类有效性比较(全部)

分类器	数据集	正确率	精确度	灵敏度
决策树	训练集	78.74%	73.34%	62.56%
	测试集	71.26%	62.50%	52.35%
贝叶斯网络	训练集	75.91%	67.26%	62.15%
	测试集	65.82%	62.50%	53.51%
人工神经网络	训练集	74.70%	66.49%	57.21%
	测试集	72.18%	63.37%	55.60%
支持向量机	训练集	87.98%	86.39%	78.31%
	测试集	68.90%	57.75%	53.79%
逻辑回归	训练集	75.59%	69.85%	54.38%
	测试集	71.39%	65.61%	44.77%

逻辑回归算法中的重要预测变量包括:学校支持、教师教学、师生互动、父亲受教育水平、学习策略、课程设置、意志力、生生互动、民族、性别。人工神经网络算法中的重要预测变量有学校支持、课程设置、教师教学、实践报告次数、意志力、学术讲座、学习策略、周课外投入时间、学科类别、生生互动。贝叶斯网络算法中的重要预测变量包括学校支持、学术讲座、志愿服务、实践报告、生生互动、母亲受教育水平、学科、文理科、城乡类别、师生互动。决策树算法中的重要预测变量有学校支持、师生互动、教师教学、生生互动、是否贫困、休闲娱乐时间、性别、志愿服务、民族、课程设置。

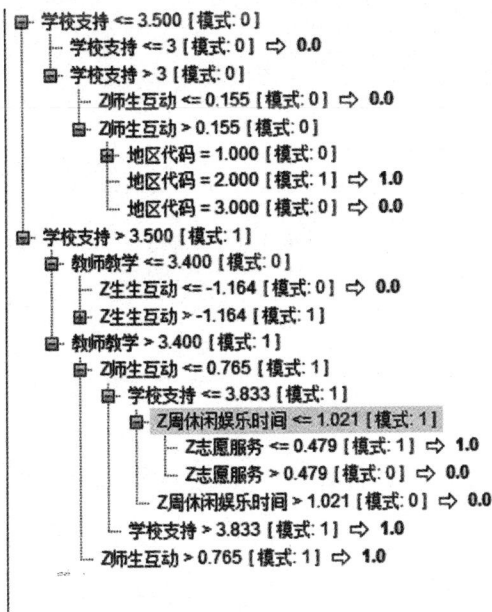

图 4-15　预测学校满意度高的决策树(规则)

同样,对 2020 年样本数据进行预测,结果如表 4-29 所示。

表 4-29　学校满意度高的分类有效性比较(全部)

分类器	数据集	正确率	精确度	灵敏度
决策树	训练集	79.85%	80.01%	80.60%
	测试集	72.17%	70.19%	74.31%
贝叶斯网络	训练集	76.54%	76.33%	78.24%
	测试集	73.06%	71.40%	75.87%
人工神经网络	训练集	75.45%	74.84%	78.10%
	测试集	73.95%	70.77%	79.08%
支持向量机	训练集	83.53%	84.15%	83.41%
	测试集	72.08%	70.64%	72.84%
逻辑回归	训练集	75.68%	75.86%	76.70%
	测试集	74.13%	72.02%	76.51%

对表 4-28 和 4-29 进行比较,2020 年样本的预测有效性要略高于 2019 年样本。逻辑回归算法中的重要预测变量包括学校支持、教师教学、学习策略、课程设置、意志力、实践报告、文理科、学科类别、生源地类型、母亲受教育水平。人工神经网络算法的重要预测变量有学校支持、教师教学、意志力、课程设置、学习策略、志愿服务、课外投入时间、生生互动、实践报告、学术讲座。贝叶斯网络算法的重要预测变量包括学校支持、教师教学、意志力、课程设置、学习策略、父亲受教育水平、生源地类型、学科、实践报告次数、城乡。决策树算法的重要预测变量有学校支持、教师教学、意志力、课程设置、志愿服务、城乡、是否贫困、地区、学科、周休闲娱乐时间。

五、学生投入指标在预测毕业后意向的有效性

对学生毕业后是否有深造意向进行预测(0 或 1),先基于 2019 年样本,分类有效性见表 4-30。

表 4-30　毕业后意向的分类有效性比较(全部)

分类器	数据集	正确率	精确度	灵敏度
决策树	训练集	78.79%	79.13%	95.44%
	测试集	73.36%	76.38%	91.91%
贝叶斯网络	训练集	76.48%	79.19%	91.09%
	测试集	71.26%	77.17%	89.58%
人工神经网络	训练集	73.23%	74.38%	95.51%
	测试集	73.62%	75.54%	94.42%
支持向量机	训练集	87.51%	87.90%	95.66%
	测试集	69.42%	78.19%	80.56%
逻辑回归	训练集	73.39%	74.61%	93.50%
	测试集	73.62%	75.91%	93.53%

逻辑回归算法的重要预测变量包括周学习投入时间,父亲受教育水平,本人生源地类型看,周课外投入时间、学习策略、地区代码,学术讲座,休闲娱乐时间,课程设置,生生互

动。贝叶斯网络的重要预测变量有学术讲座、志愿服务、学科类别、城乡类别、地区代码、民族、性别、学习策略、父亲受教育水平、生生互动。人工神经网络算法的重要预测变量排序是:学习策略、实践报告次数、学术讲座、学习投入时间、学校支持、课外投入时间、师生互动、意志力、休闲娱乐时间、课程设置。决策树算法的重要预测变量有周学习投入时间、课外投入时间、母亲受教育水平、父亲受教育水平、休闲娱乐时间、地区、民族、学术讲座、教师教学、是否贫困。

对 2020 年样本数据的分类预测结果如表 4-31 所示。

表 4-31　毕业后意向的分类有效性比较(全部)

分类器	数据集	正确率	精确度	灵敏度
决策树	训练集	80.26%	81.10%	94.74%
	测试集	70.03%	75.91%	93.53%
贝叶斯网络	训练集	76.02%	78.87%	91.20%
	测试集	72.35%	75.41%	91.59%
人工神经网络	训练集	73.27%	74.95%	94.58%
	测试集	72.88%	73.98%	95.63%
支持向量机	训练集	77.89%	85.43%	83.65%
	测试集	67.80%	77.89%	76.63%
逻辑回归	训练集	74.25%	75.80%	94.48%
	测试集	74.49%	74.76%	97.00%

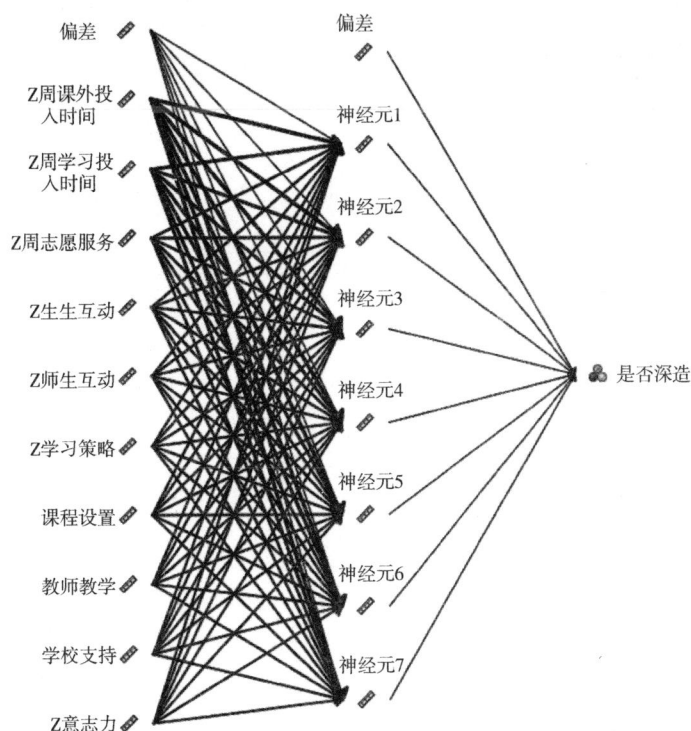

图 4-16　预测深造意向的人工神经网络

　　逻辑回归算法的重要预测变量是周学习投入时间、课外投入时间、地区、志愿服务、教师教学、父亲受教育水平、城乡类别、学科、母亲受教育水平、民族。

　　人工神经网络的重要预测变量有课外投入时间、学习投入时间、志愿服务、生生互动、师生互动、学习策略、课程设置、教师教学、学习支持、意志力。贝叶斯网络的重要预测变量包括志愿服务、学习投入时间、学校支持、教师教学、性别、城乡、休闲娱乐时间、是否贫困、周课外投入时间、学习策略。决策树算法的预测变量重要性排序是地区、周学习投入时间、生生互动、师生互动、学科、学习策略、学校支持、实践报告次数、教师教学、是否贫困。

第五章

研究结论与反思

第一节　研究结论

本研究梳理了国内外各种学生投入理论的历史发展脉络、理论背景及模型、实证研究，构建包括环境、个人、投入和产出的研究总体框架，以 2019 年、2020 年 A 大学学情调查数据、第二课堂数据、学生管理数据以及其他问卷调查数据为基础，通过传统统计分析方法、教育数据挖掘方法进行全面多维度的分析、预测、聚类，得出以下的结论。

一、高校学生投入的差异性与相关性

就学情调查问卷数据中有关高校学生投入的 4 项指标生生互动、师生互动、学习策略和意志力而言，女生的生生互动高于男生，但师生互动低于男生，学习策略和意志力的差异不稳定；不同民族学生的 4 项投入指标在两个年度的差异表现不相同，2019 年不存在明显差异，但 2020 年少数民族学生的数据均显著低于汉族学生；东部地区学生在师生互动上显著高于西部地区学生，但在其他 3 项投入指标中不存在显著的地区差异；农村学生的各项投入要相对低于省会城市、地级市、县级市学生等城镇学生；贫困学生的四项投入指标低于非贫困学生；父亲或母亲学历为本科及以上的学生，四项投入指标显著高于其他学生；高考科类对学生投入的影响较小；不同学科学生的四项投入指标存在着统计学意义上显著但较小的差异，文学类学生的互动指标相对较高，理学类学生的学习策略指标相对低些；不同 BMI 得分学生之间的四项投入指标不存在显著的差异；不同心理预警类型学生之间的四项投入指标存在着显著性差异，心理预警为红色的学生，在各项指标上都显著低于其他学生。

就学情调查问卷中的七项投入指标总体学习、课外活动、兼职打工、休闲娱乐、演讲报告、论文报告、实习实践而言，女生在总体学习时间、课外活动时间和兼职打工时间三个量化投入指标上显著低于男生，在论文报告次数上显著高于男生，其他三项指标基本不存在显著差异；汉族与少数民族学生量化投入指标的较稳定的差异主要在兼职打工时间上，少

数民族学生显著高于汉族学生;中部地区学生总体学习时间显著高于其他两个地区学生,西部地区学生在演讲报告次数上要显著低于其他两个地区学生;农村学生除了兼职打工时间显著高于城镇学生,其他指标均低于城镇学生;贫困学生花费更多的时间在兼职打工上,而休闲娱乐时间以及报告与实践次数更少;不同父母亲受教育水平的学生在各项量化投入指标都存在显著差异。理科学生在总体学习时间、课外活动时间、休闲娱乐时间上的平均值要高于文科学生,在演讲报告次数、论文报告次数和实习实践次数上低于文科学生;文学学科学生在演讲报告、论文报告、实习实践等3项指标上显著高于其他学科学生;法学与理学学科学生的总体学习时间更高;不同BMI得分学生的大部分量化投入指标不存在显著的差异;心理预警状态为红色的学生在总体学习投入时间和演讲报告次数方面要稳定的显著低于蓝色和黄色学生。

就第二课堂投入指标包括学术讲座、志愿服务、思想成长、社会实践、文化活动和其他活动来看,女生在各项第二课堂投入指标上均显著高于男生,且两年的结果呈现一致,其中差异最大的是学术讲座和志愿服务;少数民族学生在学术讲座、志愿服务和思想成长三项指标上显著低于汉族学生;东部地区学生的第二课堂投入要显著低于中部地区学生,部分指标上还低于西部地区学生;农村学生在参与学术讲座和志愿服务的次数上要显著高于城镇学生;来自省会城市的学生似乎更少地参与学术讲座和志愿服务;贫困学生比非贫困学生将更多的精力投入到了校内第二课堂;父亲母亲受教育水平不同的学生在第二课堂投入指标上存在着差异;理科学生在第二课堂投入上低于文科学生;不同学科学生之间的第二课堂投入存在着明显的差异。在学术讲座、志愿服务和文化活动三个指标上,BMI得分越高,参与次数或时长越多;不同心理预警类型学生的在个别第二课堂投入指标上存在差异。

就学情调查数据中四项投入指标的相关因素分析而言,课程设置、教师教学、学校支持等学校环境变量与生生互动、师生互动四项投入指标均呈现显著的相关性;学生大五人格与四项投入指标之呈现了一定的相关性;学生学业自我效能与生生互动等投入指标之间具有较稳定的相关性;趋向成功的动机与四项投入指标均有显著的正相关。

就学情调查数据中的量化投入指标的相关因素分析而言,总体学习时间和实习实践次数与学校环境存在低度的正相关关系;演讲报告、论文报告与学校环境之间也存在着正相关,兼职打工时间与教师教学呈现低度负相关,休闲娱乐时间与课程设置存在低度负相关;大五人格中的严谨性与总体学习时间之间有低度的正相关。外倾性与休闲娱乐时间之间呈现低度的负相关,与演讲报告之间存在低度的正相关;神经质与总体学习时间、课外活动时间、演讲报告次数和论文报告次数都呈现低度的负相关;总体学习时间与学习能力自我效能呈现正相关关系;趋向成功的成就动机与总体学习时间和演讲报告次数之间存在显著正相关,趋向失败的动机则可能与演讲报告等存在负相关。

就第二课堂投入指标的相关因素分析而言,学校环境中的课程设置与学术讲座、志愿服务之间存在低度正相关;学校环境中的学校支持与志愿服务、思想成长和其他活动存在弱的正相关;大五人格中的严谨性与学术讲座和社会实践之间存在正相关;学业自我效能与第二课堂投入指标之间的相关性在两个年度样本中呈现了不一致的结果;成就动机与第二课堂投入指标之间的相关性总体较小。

二、高校学生投入的分类预测及其有效性

运用决策树、人工神经网络、贝叶斯网络、支持向量机等四种算法,基于社会及人口统计特征、个人入校状态、心理特征和学校环境等 4 个类别 26 个预测变量,分别对学情调查问卷的四项投入指标生生互动、师生互动、学习策略、意志力进行分类预测,得到以下的结论:对于生生互动水平较低(25 分位)的预测正确率最高为 74.79%,重要预测变量包括课程设置和教师教学等;对于生生互动水平较高(75 分位)的预测正确率最高为 85.62%,重要预测变量为课程设置、学科等;决策树 C5.0 算法在预测师生互动水平中的正确率较为稳定,课程设置、学校支持等是重要的预测变量。学习策略预测的重要变量包括学校环境的三项变量(课程设置、教师教学、学校支持),最高正确率为 82.15%;各种算法在预测学习策略水平时的正确率最高为 79.25%,学校环境因素是重要预测变量。

同样运用四种算法,对学情问卷的量化投入水平的分类预测结果如下:总体学习时间的重要预测变量包括课程设置、母亲受教育水平、教师教学、文理科、学科类别等,决策树算法的稳定性最好,训练集和测试集正确率都保持在 75% 以上;课外活动时间的重要预测变量包括课程设置、性别、学科等;兼职打工时间无法准确进行分类预测;休闲娱乐的重要预测变量包括课程设置、学科类别、民族等,预测正确率最高为 79.13%。教师教学、学校支持、课程设置是预测演讲报告次数高(75 分位)的重要变量;各算法对预测论文报告和实习实践数量水平的正确率都不太高。

对第二课堂投入水平的分类结果如下:性别、地区、城乡等是预测参加学术讲座的重要变量,预测正确率最高为 81.01%,预测志愿服务的重要变量包括性别、民族、父母亲受教育水平等,预测正确率最高为 81.49%;思想成长、社会实践的预测正确率相对较低;学科、父母亲受教育水平、地区、民族等是预测文化活动的相对重要的变量,预测正确率最高为 80.24%;总的来说,对第二课堂投入水平预测的总体正确率要高于对量化投入指标的正确率,对学术讲座和志愿服务的预测正确率相对较高,决策树算法是最为稳定的分类预测算法。

三、高校学生投入的评价指标及其有效性

将学情调查问卷四项投入指标、学情调查问卷量化投入指标和第二课堂投入指标等共 17 项代表高校学生投入的量化指标按照"学习性"和"主动性"两个维度构造象限图进行内涵分析,运用主成分分析法提取因子,将 17 项指标精简为 10 项,周学习投入时间、周课外投入时间、周休闲娱乐时间、实践报告次数、生生互动、师生互动、学习策略、意志力、学术讲座和志愿服务,并将其分为三个维度:量化投入维度、互动投入维度和心理性投入维度,构成三维度 10 个方面的高校学生投入评价指标体系。

基于高校学生投入评价指标体系,运用 K-Means 聚类算法,从 2019 年样本数据中挖掘出高校学生投入的 7 种类型:全面积极型、全面消极型、积极学习型、积极社交型、积极互动型、休闲娱乐型、课外活跃型,各类型所占比例分别为 6.8%,24.6%,19.0%,14.9%,17.7%,9.6% 和 7.5%。从 2020 年样本中挖掘与 2019 年样本具备相同特征的全

面积极型、全面消极型、积极学习型、休闲娱乐型等四种类型学生,说明该评价指标体系具有相当的有效性。除了休闲娱乐型中女生的比例较高外,各聚类学生在社会人口统计特征、科类、学科等方面总体分布均衡。

对7种类型学生的产出进行比较,全面积极型的学生拥有较高的产出,其自我感知的大学收获、专业满意度、学校满意度的均值在各个聚类中都是最高的,学分绩点较高;全面消极型则与全面积极型相反,其学分绩点排名较低,大学收获、专业满意度和学校满意度也都排名倒数;休闲娱乐型学生的各类产出均为最低;积极互动性学生自我感知的大学收获、专业满意度和学校满意度均排名第二,说明此类学生对学校提供的各种环境较为适应且乐于与教师、学生进行交流;积极学习型学生的学分绩点排名较高(第三)但对于学校的满意度和专业满意度不高;课外活跃型的学生自我感知的大学收获和对专业、学校的满意度都还可以,但学分绩点在7种类型学生中排名较低。

投入指标在预测学生学业表现、专业满意度等学生产出中具有重要作用。在预测学业表现较低的学生时,逻辑回归算法的精确度稳定在60%以上,最重要的预测变量是两个投入指标变量志愿服务和学术讲座,最重要的10个预测变量中投入指标占5个;对于预测大学收获高的重要变量,以决策树算法为例,最高的为学校支持,其他为学习策略、课程设置、教师教学、意志力、本人生源地类型、周课外投入时间、文理科、学科、民族,投入指标占3项。学习策略、意志力、周学习投入时间等是预测专业满意度的重要变量;师生互动、学习策略、意志力、生生互动等是预测学校满意度的重要变量;周学习投入时间、生生互动、师生互动、学习策略、课外投入时间等是预测学生毕业后是否有深造意愿的重要变量。

第二节　研究反思

一、高校学生投入研究的两大困境

本研究中罗列了10余种代表学生投入的时间、次数、程度、自我感知的指标,那么,这些指标能够完全覆盖学生的所有投入吗? 答案显然是否定的。高校学生投入是一个复杂的社会现象,不应当也不可能是仅仅用几个问卷调查数据或系统采集的数据就能描述其全貌的。本研究也只是试图用现有的数据尽量描述学生投入的大概轮廓。学生投入是指学生投入学习和其他活动的时间和精力,这当中明显就不仅仅是学生的学习投入,还包括其他活动的投入。国内外大量研究中重点关注了学生的学习性投入,并将其等同于学生投入,我们认为并不十分准确。学生投入应该是一个可解释的、可分解的、多维度的概念。比如,从学习角度来理解,学生投入可以分为学习性投入和非学习性投入,学习性投入又可以分解为课堂学习投入和课外学习投入,课堂学习投入又可以分解为线下课堂投入和线上课堂投入等。从其他活动角度来理解,学生投入可以包含学生的所有非学习活动,阅读、社交、志愿服务、娱乐、上网、体育锻炼、冥想等,凡是需要花费学生时间和精力的活动,都可以纳入学生投入的范畴。可见,学生投入实际上是一个相当复杂的概念。

那么,怎么样获得学生投入的数据呢?从目前国内外的研究和实践来看,大概是通过两种手段:其一是问卷调查的方式,就是直接"问"学生,"你的投入怎么样?";其二是通过相关数据反映的方式,就是间接"看"学生,"他或她的投入怎么样?"。"问"的方式目前是主流,各式各样的问卷调查层出不穷,通过强制或激励的手段来获取学生的"投入",得出一些代表该校学生"投入"的数值,用来与他校进行比较,用来对本校的不同专业比较。过于频繁的调查、设置复杂的问卷往往会引来被调查的反感,有学生就说"不要在设置这种问卷了,影响学习",这就让我们不免对某些问卷的数据质量产生合理怀疑,我们是否真正获得了学生投入数据?"看"的方式,获取的虽然可能是学生某一方面投入的真实数据,但这些数据能完全全代表一个学生的"全部"投入特别是心理层面的投入吗?所以,高校学生投入研究的困境之一就是数据困境。

高校学生投入的影响因素,既包括学生个人的因素,又包括环境的因素,这些因素随着时间、事件的变化相互交织作用,对学生投入产生复杂的影响。高校学生投入影响因素的主要特点就是"复杂性"。"复杂性意味着交织在一起的东西"①。学生个人的因素对学生投入有复杂的影响。本研究中的案例证明了社会人口统计特征如性别、民族等对不同的投入产生着不同的影响。环境因素同样对学生投入产生着复杂的影响。影响因素本身就具有复杂性,很难厘清所有的影响因素,其影响效应也具有复杂性,同样一个影响因素,对这一个学生可能是正向的影响,对另一个学生就有可能是负向的影响。如何较为准确的把握复杂的影响因素,分析复杂的影响机制,是高校学生投入研究的另一困境。

二、教育数据挖掘应用的三重挑战

本研究中,在对高校学生投入进行分类预测和聚类分析时,使用了教育数据挖掘中的决策树、支持向量机、人工神经网络、贝叶斯网络、逻辑回归、K-Means 等较为经典的算法,基本达到了预期的研究目的,得到了若干有关高校学生投入的影响因素、评价模型的结论,能够为高校管理者提供一定的参考。教育数据挖掘作为一个新的应用研究领域,具有独特的技术优势和发展前景,但也存在应用的困难和挑战,我们需要对教育数据挖掘的未来和问题进行更加深入的探讨,以期发挥其在高校治理中的适切作用。

(一)教育数据采集与教育数据质量的挑战

教育数据挖掘的顺利实施,首先需要建立教育数据仓库,按照某种预定标准将相应数据采集到数据仓库中,再使用相关算法工具进行分析。这个过程中存在三种类型的挑战:一是建立教育数据仓库的挑战。教育数据仓库的建立主要包括分析与规划、设计与实施、上线与交付、回顾与优化等环节,在教育数据挖掘的全过程中占用 30%～75% 的时间,而且存在着失败的风险。二是采集教育数据的挑战。教育数据形式多样、规模巨大、来源复杂,需要对不同系统数据源的数据结构、数据字典及元数据都进行了解后才能进行数据采

①埃德加·莫兰著,陈一壮译.复杂性理论与教育问题[M].北京大学出版社,2004:24—27.

集。三是教育数据质量的挑战。要根据教育数据仓库中的数据标准进行数据标准化和数据清洗，特别要关注数据清洗后的整合、分析和价值利用。

（二）教育数据挖掘实施能力的挑战

人是实践活动的主体，具有实践能力并从事实践活动，教育数据挖掘的顺利实施必然离不开人这一核心要素。教育数据挖掘的技术再发达、工具再先进，在某一高校内部的应用，还是要依靠具有一定实践能力的人员。教育数据挖掘基于统计学、计算机科学等学科，需要掌握统计学、计算机科学的背景知识，所要解决的又是教育领域的问题，对教育学科的理论背景与现实状况也要熟悉。因此，教育数据挖掘实施需要多部门跨学科研究人员的协同推进。我国大部分高校中院校研究的功能还依托于高教所等教育研究机构，与信息化管理部门相对分隔，"想分析的不会分析，会分析的不知道分析什么"，这对教育数据挖掘的顺利实施是一大挑战。教育数据挖掘实施的相关制度安排也是一大挑战。首先要对生产者、管理者、提供者、使用者等教育数据的利益相关者的权责进行安排，明确每种角色在教育数据的生命周期不同阶段的职责和权益。其次要对教育数据挖掘实施者的职责和实施流程进行规范，谁负责采集、谁负责分析、谁负责发布、谁负责解释都要明确，既有分工也有协作。最后还要落实教育数据挖掘实施的保障机制，包括经费投入、软硬件设备、风险估计、成本收益分析等。

（三）数据隐私与数据崇拜的挑战

教育数据挖掘采集分析了教师、学生和教学活动过程中的大量行为数据，其中包含个人隐私数据，这些隐私数据存在着被泄露的风险，数据采集越完备越充分，泄露的风险就越大。利益相关者对自身数据享有知情权的在获得其授权后才能合理使用。通过教育数据挖掘形成的结果也应该被利益相关者知晓，并且结果中不能出现利益相关者的详细信息。教育数据挖掘在某些案例中的成功应用，也可能会被那些非理性的数据至上主义者奉为至宝，鼓吹数据就是一切，进行数据崇拜和数据迷信，片面夸大教育数据挖掘的作用，忽视教育中的其他因素。

教育数据挖掘的结果也存在被错用、滥用的可能性，比如通过基于学生特征和之前的学业表现记录，预测出某一类特征的学生学业失败的可能性大，这会对这一类学生产生不良影响。

总而言之，在高校治理的背景下，教育数据挖掘找到了其生存空间，进入了蓬勃发展期，在支持高校决策科学化、改进内部利益相关者教学学习体验、改善外部利益相关者关系等方面发挥其优势。作为新兴事物，教育数据挖掘还存在许多不成熟不完善的地方，还面临一些较大的挑战，但高校应学会"戴着镣铐跳舞"，趋利避害，充分发挥教育数据挖掘在高校治理改进中的作用，促进高校人才培养质量提升和实现内涵式发展。

参考文献

(一)专著

[1]阿尔文·托夫勒.第三次浪潮[M].北京:三联书店,1983.

[2]埃德加·莫兰.复杂性理论与教育问题[M].北京:北京大学出版社,2004.

[3]奥古斯特·孔德.论实证精神[M].北京:商务印书馆,2009.

[4]别敦荣.高等教育管理与评估[M].青岛:中国海洋大学出版社,2009.

[5]伯顿·R.克拉克.高等教育新论——多学科的研究[M].杭州:浙江教育出版社,1988.

[6]查尔斯·德普雷,丹尼尔·肖维尔·知识管理的现在与未来[M].北京:人民邮电出版社,2004.

[7]陈青.高等学校教学管理[M].西安:西北工业大学出版社,1987.

[8]陈如平.教育管理理论运动[M].北京:教育科学出版社,2012.

[9]陈晓萍,徐淑英,樊景立.组织与管理研究的实证方法[M].北京:北京大学出版社,2008.

[10]陈孝彬.教育管理学[M].北京:北京师范大学出版社,1999.

[11]程晋宽.西方教育管理理论新视野[M].北京:教育科学出版社,2012.

[12]丹尼尔·A.雷恩.管理思想的演变[M].北京:中国社会科学出版社,1986.

[13]笛卡尔.谈谈方法[M].北京:商务印书馆,2015.

[14]丁国勇.高校学生学业表现数据建模研究[M].济南:山东大学出版社,2019

[15]范若愚,王金陵,赵丽丽 等.大数据时代的商业建模[M].上海:上海科技出版社,2013.

[16]葛道凯,张少刚,魏顺平.教育数据挖掘:方法与应用[M].北京:教育科学出版社,2012.

[17]郭昕,孟晔.大数据的力量[M].北京:机械工业出版社,2013.

[18]哈罗德·孔茨、海因茨·韦里克.管理学(第九版)[M].北京:经济科学出版社,1993.

[19]韩家伟等.数据挖掘概念与技术[M].北京:机械工业出版社,2007.

[20]赫伯特·西蒙.管理行为:管理组织决策过程的研究[M].北京:北京经济学院出版社,1988.

[21]胡建华,周川,陈列,龚放.高等教育学新论[M].南京:江苏教育出版社,1995.

[22]黄光国.社会科学的理路[M].北京:中国人民大学出版社,2006.

[23]黄志成、程晋宽.教育管理论[M].上海:上海教育出版社,2001.

[24]吉尔伯特·萨克斯,詹姆斯·W.牛顿著 王昌海等译.教育和心理的测量与评价原理[M]南京:江苏教育出版社,2002.

[25]金含芬.学校教育管理系统分析[M].西安:陕西人民教育出版社,1993.

[26]靳敏.工科专业本科生学习性投入研究[M].武汉:华中科技大学出版社,2020

[27]李帅军.教育信息化管理的理论与实践[M].北京:科学出版社,2007.

[28]刘玉柱.高等学校教学管理[M].济南:山东大学出版社,1986.

[29]卢西亚诺·弗洛里迪.计算与信息哲学导论[M].北京:商务印书馆,2010.

[30]迈克·富兰.变革的力量—透视教育改革[M].北京:教育科学出版社,2000.

[31]迈克·富兰.极富空间—新教育学如何实现深度学习[M].重庆:西南师范大学出版社,2016.

[32]迈克·富兰.教育变革的新意义[M].上海:华东师范大学出版社,2010.

[33]迈克·富兰.突破[M].北京:教育科学出版社,2009.

[34]冒荣,刘义恒.高等学校管理学[M].南京:南京大学出版社,1997.

[35]孟繁华.教育管理决策新论——教育组织决策机制的系统分析[M].北京:教育科学出版社,2002.

[36]奈斯比特.大趋势:改变我们生活的十个新方向[M].北京:科学普及出版社,1985.

[37]欧内斯特·博耶.美国大学教育—现状、经验、问题及对策[M].上海:复旦大学出版社,1988.

[38]潘懋元.多学科观点的高等教育研究[M].上海:上海教育出版社,2001.

[39]瞿堃,钟晓燕·教育信息化概论[M]重庆:西南师范大学出版社,2012.

[40]桑尼尔·索雷斯.大数据治理[M].北京:清华大学出版社,2014.

[41]上海师范大学高等教育研究所项目组.大学生学习性投入的理论与实践[M].上海:上海教育出版社,2016

[42]史秋衡,汪雅霜.大学生学习情况调查研究[M].北京:教育科学出版社,2014.

[43]斯蒂芬·P.罗宾斯.组织行为学[M].北京:中国人民大学出版社,1997.

[44]孙绵涛等.教育管理哲学 现代教育管理观引论[M].武汉:武汉工业大学出版社,1997.

[45]泰罗.科学管理原理[M].北京:中国社会科学出版社,1984.

[46]谭磊.New Internet:大数据挖掘[M].北京:电子工业出版社,2013.

[47]托马斯·库恩.科学革命的结构[M].北京:北京大学出版社,2003.

[48]托尼·布什.当代西方教育管理模式[M].南京:南京师范大学出版社,1998.

[49]托尼·海伊等.第四范式:数据密集型科学发现[M].北京:科学出版社,2012.

[50]王景英.教育统计学（第2版）[M].北京:高等教育出版社,2006.

[51]王纹,毛彦.数据驱动的管理[M].北京:清华大学出版社,2016.

[52]威廉·维尔斯曼.教育研究方法导论[M].北京:教育科学出版社,1997.

[53]韦恩·K.霍伊,塞西尔·G.米斯克尔.教育管理学:理论·研究·实践:Theory, research,and practice[M].北京:教育科学出版社,2007.

[54]维克托·迈尔一舍恩伯格,肯尼思·库克耶.大数据时代:生活、工作与思维的大变革[M].杭州:浙江人民出版社,2013.

[55]温忠麟.心理与教育统计[M].广州:广东高等教育出版社,2006.

[56]谢龙汉,蔡思祺.SPSS统计分析与数据挖掘（第3版）[M].北京:电子工业出版社,2017.

[57]薛天祥.高等教育管理学[M].上海:华东师范大学出版社,997.

[58]薛薇.基于SPSS Modeler的数据挖掘（第二版）[M].北京:中国人民大学出版社,2014.

[59]杨旭,汤海京,丁刚毅.数据科学导论[M].北京:北京理工大学出版社,2014.

[60]杨学山.论信息[M].北京:电子工业出版社,2016.

[61]叶澜.教育概论[M].北京:人民教育出版社,1991.

[62]约翰·S.布鲁贝克.高等教育哲学[M].杭州:浙江教育出版社,1987.

[63]詹姆斯·R.埃文斯.数据、模型与决策[M].北京:中国人民大学出版社,2011.

[64]张劲英.中国研究性大学本科新生学业成就之影响因素分析[M].杭州:浙江大学出版社,2017.

[65]张新平,褚宏启·教育管理学通论[M].北京:高等教育出版社,2012.

[66]张新平.教育管理学导论[M].上海:上海教育出版社,2006.

[67]张新平.教育管理学的持续探索[M].合肥:安徽教育出版社,2007.

[68]张新平.教育管理学的方法体系[M].北京:科学出版社,2012.

[69]张新平.教育组织范式论[M].南京:江苏教育出版社,2001.

[70]张雪梅.学生发展:学生事务工作的理论与实践[M].台北:国立中央图书馆出版社,1998.

[71]郑金洲等.学校教育研究方法[M].北京:教育科学出版社,2003

[72]周三多,陈传明,鲁明泓.管理学—原理与方法[M].上海:复旦大学出版社,1999.

[73]Alejandro Pena—Ayala.Educational Data Mining:Applications and Trends [M].Springer.2013.

[74]Astin,Alexander W.Four Critical Years:Effects of College on Beliefs, Attitudes and Knowledge[M].Jossey—Bass,1977.

[75]Astin,Alexander W.What Matters in College:Four Critical Years Revisited [M].Jossey—Bass.1997.

[76]Ben Kei Daniel.Big Data and Learning Analytics in Higher Education:Current Theory and Practice[M].Springer.2017.

[77]Cristobal Romero.Handbook of Educational Data Mining[M].CRC Press.2011.

[78]Hamish Coates. Alexander C. McCormick. Engaging University Students ——International Insights from System－Wide Studies[M].Springer.2014.

[79]Hamish Coates.Student Engagement in Campus－based and Online Education[M].Routledge.2006.

[80]Johann Ari Larusson. Learning Analytics：From Research to Practice[M].Springer.2014.

[81]Joseph L.Murray.Undergraduate Research for Student Engagement and Learning[M].Routledge.2018.

[82]Lavin,D.The Prediction of Academic Performance：A Theoretical Analysis and Review of Research[M].Russell Sage Foundation.1965.

[83]Nancy J.Evans,Etc.Student Development in College－Theory,Research,and Practice[M].Jossey－Bass.2010.

[84]Nancy J.Evans,Etc.Student Development In College：Theory,Research and Practice[M].Jossey－Bass.2010.

[85]Nygaard,Claus.Student Engagement － Identity,Motivation and Community[M].Libri Publishing.2013.

[86]Pascarella,E.T.,& Terenzini,P.T.How College Affects Students：Vol 2.A Third decade of Research[M].Jossey－Bass.2005.

[87]Samira Elatia,Etc.Data Mining and Learning Analytics[M].WILEY.2016.

[88]Stephen John Quaye,Shaun R. Harper. Student Engagement in Higher Education[M].Routledge.2015.

[89]Zhe Zhang,Olwen McNamara.Undergraduate Student Engagement －Theory and Practice in China and the UK[M].Springer.2018.

(二)学位论文

[1]INPAN ONHSENGMANY(殷潘).基于数据挖掘技术的学生教育成果预测系统的研究与实现[D].中南大学,2014.

[2]Obsie Efrem Yohannes.基于教育数据的学生学业表现预测[D].北京交通大学,2018.

[3]常明迪.多维分析及数据挖掘技术在高校教务管理系统中的应用[D].东北大学,2010.

[4]陈艳君.安徽省新建本科院校学生学习投入及其影响因素研究[D].安徽大学,2020.

[5]程楠.基于数据挖掘的教务系统的研究与应用[D].南昌航空大学,2017.

[6]崔桓.沈阳师范大学本科师范专业学生学习性投入调查[D].沈阳师范大学,2016.

[7]崔仁桀.基于数据挖掘的教育分析系统的研究与实现[D].北京邮电大学,2016.

[8]邓丽娜.数据挖掘在教务管理和学生就业的应用研究[D].华南理工大学,2010.

[9]丁波.网络教育学生学习成绩细分预测的研究[D].江南大学,2016.

[10]杜萌.高校少数民族学生的学习投入及其对学习收获的影响[D].陕西师范大学,2016.

[11]杜梦欣.基于FP－Growth的关联规则算法研究及其在高校教育大数据中的应用[D].吉林大学,2019.

[12]杜郑丽.过程性评价对本科生学习效果的影响机制研究[D].华中科技大学,2019.

[13]付攀.普通本科高校大学生专业学习投入的影响因素研究[D].南昌大学,2016.

[14]付小兵.基于学习分析的在线学习成绩预测建模研究[D].云南师范大学,2019.

[15]高晓佳.基于Apriori算法的教育决策系统的研究[D].长春理工大学,2010.

[16]郭林彬.基于学习收获的大学生发展研究[D].北京工业大学,2014.

[17]胡蓝方.本科生时间管理的三维差异及其原因研究[D].华中科技大学,2017.

[18]胡明明.决策树算法在学生课程成绩分析中的应用研究[D].哈尔滨师范大学,2019.

[19]黄景碧.数据驱动的教育决策支持系统(DDEDSS)设计与开发研究[D].华东师范大学,2012.

[20]黄文增.基于教育数据挖掘的个性化习题推荐算法研究[D].吉林大学,2019.

[21]姜培文.研究型高校本科生发展的影响因素及其规则研究[D].华中科技大学,2019.

[22]蒋礼青.基于特征知识库的学籍预警与决策支持系统的研究与实现[D].中国矿业大学,2016.

[23]蒋扇扇.研究型大学本科生学习投入之学科差异研究[D].湖南大学,2016.

[24]蒋甜甜.师生互动对学生学习性投入的影响[D].沈阳师范大学,2013.

[25]金亮.混合式学习情境下学生学习投入及其影响因素研究[D].沈阳师范大学,2020.

[26]鞠振刚.数据挖掘技术及其在高校教学系统应用的研究[D].长春理工大学,2011.

[27]康君.教育数据挖掘服务平台的设计与实现[D].山东师范大学,2016.

[28]孔海梅.地方综合性高校学生学习投入现状、问题与对策[D].中南民族大学,2013.

[29]邝涛.数据挖掘技术在高校教务管理系统中的应用研究[D].郑州大学,2011.

[30]李洒洒.基于学生行为分析的学业预警[D].华中师范大学,2020.

[31]李伟杰.基于数据挖掘的教学质量跟踪平台的设计与实现[D].北京邮电大学,2016.

[32]李馨瑶.学习分析学发展的比较分析[D].华东师范大学,2016.

[33]李幸.基于教育数据挖掘的远程教育个性化学习支持服务研究[D].江南大学,2018.

[34]李志宇.基于Docker的教育数据挖掘平台的设计与实现[D].吉林大学,2019.

[35]刘彩虹.大学如何影响学生:美国的研究成果述评[D].福建师范大学,2014.

[36]刘翠翠.协同过滤算法在教育数据挖掘中学生成绩预测的研究[D].昆明理工大学,2016.

[37]刘丹.基于大数据的教学质量监测与评估方法研究[D].贵州师范大学,2020.

[38]刘桂荣.基于数据挖掘的(预警)学生状况分析及应用[D].武汉科技大学,2009.

[39]刘海燕.基于学生"就读经验"的本科教育质量研究[D].南京大学,2013.

[40]刘金石.数据挖掘技术在教务管理系统中的应用研究[D].北京工业大学,2017.

[41]刘雅芯.N大自主招生学生学习投入与学习收获的实证研究[D].南京大学,2019.

[42]刘烨.基于学习投入度视角的大学生类型研究[D].华中师范大学,2019.

[43]刘伊白.基于关联规则的教学行为分析与研究[D].北京工业大学,2018.

[44]刘应杰.基于数据挖掘的远程教育用户画像构建研究[D].西安电子科技大学,2018.

[45]刘玉.硕士研究生学习投入评价体系研究[D].哈尔滨工业大学,2018.

[46]吕慎敏.基于数据挖掘的高校教学管理决策支持系统研究[D].山东师范大学,2012.

[47]马玉玲.基于机器学习的高校学生成绩预测方法研究[D].山东大学,2020.

[48]马豫婷.本科教育质量评价:学生学习性投入的视角[D].华东理工大学,2014.

[49]毛天怡.基于学生画像和课程相似度的学生成绩预测模型[D].浙江大学,2020.

[50]牟超.教育数据挖掘中分类问题的可解释性研究[D].重庆大学,2017.

[51]庞亮.数据挖掘在高校成人教育学业预警中的应用研究[D].中国石油大学(华东),2017.

[52]乔莹.基于决策树技术的教育数据挖掘研究与应用[D].浙江师范大学,2018.

[53]屈佳琦.大学生课堂投入度及个人影响因素研究[D].河北师范大学,2017.

[54]沈倩倩.高校提升学生学习投入度策略研究[D].长春工业大学,2020.

[55]孙晓毅.基于高等教育教学信息的数据统计分析与数据挖掘研究[D].北京邮电大学,2013.

[56]唐浩霖.工科大学生学习收获的实证研究[D].北京理工大学,2015.

[57]王安岩.高校勤工助学对大学生发展影响研究[D].北京科技大学,2020.

[58]王娟娟.基于大学生学习性投入调查下的本科教育质量研究[D].重庆大学,2011.

[59]王丽娜.基于轨迹数据挖掘的大学生学业成就问题研究[D].南京大学,2019.

[60]王倩如.W职业院校学生学习性投入调查研究[D].安徽师范大学,2018.

[61]王卫芳.基于校园大数据的学业表现预测及行为分析[D].重庆大学,2019.

[62]王位明.数据挖掘技术在高校教育投入中的应用研究[D].南昌大学,2020.

[63]王旭.基于数据挖掘的学生行为习惯与学习成绩的关联性研究[D].上海师范大学,2019.

[64]王艳晓.基于流程性教育数据挖掘的学生成绩预测方法研究[D].山东科技大学,2018.

[65]王勇宏.大学生在线学习投入度测评指标体系构建与应用研究[D].西北师范大学,2020.

[66]王云.美国大学生成功研究述评[D].福建师范大学,2013.

[67]卫明.数据挖掘在学生在线测试与预测中的应用研究[D].昆明理工大学,2018.

[68]吴丹.地方高校大学生学习性投入提升研究[D].河北经贸大学,2018.

[69]吴瑶.基于本科生就读期望分类的学生投入度差异研究[D].华中科技大学,2016.

[70]吴协.地方体育院校学生学习投入度研究[D].湖南师范大学,2020.

[71]吴一帆.eduExplorer：基于校园行为数据的可视分析系统[D].电子科技大学,2018.

[72]肖逸枫.数据挖掘技术用于高校学生留级预警的研究[D].重庆大学,2018.

[73]徐晶晶.基于校园卡数据的学生行为分析研究[D].河南师范大学,2018.

[74]徐盛原.基于深度学习知识追踪模型的在线教育数据挖掘研究[D].哈尔滨工业大学,2020.

[75]徐幼祥.图卷积神经网络在远程教育中的应用研究[D].广东工业大学,2020.

[76]杨春瑾.地方应用型本科院校学生学习性投入调查研究[D].上海师范大学,2016.

[77]杨金玲.中国研究型大学本科生学习投入度研究[D].华南理工大学,2015.

[78]杨硕.H大学本科生学习投入调查研究[D].河北大学,2013.

[79]于雪萌.基于学生行为分析的教育数据挖掘算法研究[D].山东师范大学,2020.

[80]余芳.基于数据挖掘的移动教务管理系统研究与实现[D].浙江工业大学,2017.

[81]张璨.鲁东大学本科生学习投入度现状研究[D].云南大学,2014.

[82]张璠争.高职院校学生行为类型研究[D].苏州大学,2012.

[83]张济础.教育信息挖掘模型的设计与实现[D].大连海事大学,2007.

[84]张锐.同步互动课堂环境下学生学习投入度影响因素研究[D].华中师范大学,2020.

[85]张依欢.关联规则算法在教学评价中的应用研究[D].吉林大学,2016.

[86]张莹莹.一种多维多层的关联规则挖掘算法在教育数据上的应用[D].吉林大学,2017.

[87]赵红宁.数据挖掘在高校学生留级预测中的应用研究[D].兰州理工大学,2020.

[88]赵晓阳.基于学生参与理论的高校学生发展及其影响因素研究[D].天津大学,2013.

[89]周涛.面向工科类学生学习性投入测量工具改进研究[D].哈尔滨工业大学,2011.

[90]朱梦娇.我国本科教学质量评估问题研究[D].浙江大学,2017.

[91]朱亚南.学业风险学生的学习投入研究[D].郑州大学,2020.

[92]朱自强.基于机器学习的毕业生收入预测与分析研究[D].吉林大学,2017.

[93]Anderson E.Measurement of Online Student Engagement：Utilization of Con-

tinuous Online Student Behavior Indicators as Items in a Partial Credit Rasch Model[D]. University of Denver.2017.

[94]Barrett S H .Predicting Student Engagement and Retention through Participation in a Freshman Program: A Case Study at Benedictine College.[D]. University of Kansas.2011.

[95]BC Nwachukwu. Teacher Recommended Academic and Student Engagement Strategies for Learning Disabled Students: A Qualitative Study. [D]. Capella University.2016.

[96]Briggs R .Increasing First—Semester Student Engagement: A Residential Community Retention Study[D].Arizona State University.2012.

[97]Brown L L .Hispanic and African American Student Engagement at Faith—Based Institutions and Non—Faith—Based Institutions[D].George Fox University.2012.

[98]Cecil M J .The relationship between student responses on the National Survey of Student Engagement (NSSE) and performance on the Critical—Thinking Assessment Test (CAT)[D].Tennessee Technological University.2007.

[99]Chapa F .Examination of the Mediating Role of Student Engagement on the Relationship between Personality and Academic Success for Hispanic College Students [D].Walden University.2016.

[100]Davenport,Pamela J .Student engagement variables that influence academic achievement among Hispanic students at the community college level.[D].University of Oklahoma.2005.

[101]Desantis M Y .Student perceptions of teacher behaviors and their effects on academic performance[D].Capella University.2008.

[102]Flaherty A G .The relationship between student engagement and professionalism in pharmacy students.[D].University of Kansas.2011.

[103]Goretsky A M .Student Engagement of Traditional—Aged Undergraduates using Portable Internet Devices.[D].The George Washington University.2016.

[104]Lindsey H L .Self—efficacy,student engagement,and student learning in introductory statistics[D].Montana State University.2017.

[105]Little T W .Effects of digital game—based learning on student engagement and academic achievement.[D].Lamar University — Beaumont.2015.

[106]Mcinnis E .Nonresponse bias in student assessment surveys: A comparison of respondents and non—respondents of the National Survey of Student Engagement at an independent comprehensive Catholic university.[D].Marywood University.2006.

[107]Mospens S M .The effect of social class on first—year college student engagement and satisfaction[D].Indiana State University.2008.

[108]Nelson S M .Grit,Student Engagement,and Academic Performance at a Historically Black Community College[D].Walden University.2016.

[109]Osagie S E .Student engagement and academic success in veterans' post—secondary education.[D].Temple University.2016.

[110]Price S D .Student Engagement and Institutional Type at Canadian Universities.[D].University of Calgary.2013.

[111]Travisano J A .Evaluation of the Relationship Between Employee Engagement and Student Engagement and Student Retention at a Large,Private,Not—for—Profit Research University[D].Nova Southeastern University.2016.

[112]Woolever D M .A Comparative Study of Student Engagement Based on Inter-collegiate Athletics Participation[D].Liberty University.2017.

（三）期刊论文

[1]C.芬彻,G.凯勒,E.G.博格,J.R.西林,赵炬明.美国高等教育经典著作百种(下)[J].复旦教育论坛,2003(04):58—63+79.

[2]白华,周作宇.大学教育如何影响本科生的学习收获——基于CCSEQ实证调查数据分析[J].教育学报,2018,14(03):81—88.

[3]白华.本科生就读经验影响学习收获的路径研究——基于结构方程模型[J].中国高教研究,2013(06):26—32.

[4]白然.cMOOC学习收获及其与学习投入关系的研究[J].现代远距离教育,2020(04):63—72.

[5]鲍威,张晓玥.中国高校学生学业参与的多维结构及其影响机制[J].复旦教育论坛,2012,10(06):20—28.

[6]鲍威.未完成的转型——普及化阶段首都高等教育的人才培养与学生发展[J].北京大学教育评论,2010,8(01):27—44+189.

[7]陈佳明,骆力明,宋洁.大学基础课课程成绩加权投票预测模型研究[J].现代电子技术,2020,43(01):93—98.

[8]陈侃,周雅倩,丁妍,严文蕃,吕倩文.在线视频学习投入的研究——MOOCs视频特征和学生跳转行为的大数据分析[J].远程教育杂志,2016,34(04):35—42.

[9]陈敏,张俊超,魏署光,雷洪德."本科生学习与发展调查"的系统开发及其组织实施——基于华中科技大学的实践[J].高等工程教育研究,2015(02):105—109.

[10]陈子健,朱晓亮.基于教育数据挖掘的在线学习者学业成绩预测建模研究[J].中国电化教育,2017(12):75—81+89.

[11]丁沁南.选择重要还是培养重要——本科生专业自主选择、专业承诺与专业满意度关系探究[J].教育发展研究,2019,39(23):27—33.

[12]丁小浩.大数据时代的教育研究[J].清华大学教育研究,2017,38(05):8—14.

[13]方佳明,唐璐玢,马源鸿,胡丽雪.社会交互对MOOC课程学习投入的影响机制[J].现代教育技术,2018,28(12):87—93.

[14]方来坛,时勘,张风华.中文版学习投入量表的信效度研究[J].中国临床心理学杂志,2008,16(06):618—620.

[15]龚放,吕林海.中美研究型大学本科生学习参与差异的研究——基于南京大学和加州大学伯克利分校的问卷调查[J].高等教育研究,2012,33(09):90—100.

[16]郭菲,赵琳,连志鑫.大学生自我报告的学习投入可靠吗——大学生群体的社会称许性反应及对自陈式问卷调查的影响[J].华东师范大学学报(教育科学版),2018,36(04):53—61+163.

[17]郭卉,韩婷.大学生科研学习投入对学习收获影响的实证研究[J].教育研究,2018,39(06):60—69.

[18]郭建鹏,计国君.大学生学习体验与学习结果的关系:学生投入的中介作用[J].心理科学,2019,42(04):868—875.

[19]郭娇.基于调查数据的家庭第一代大学生在校表现研究[J].中国高教研究,2020(06):13—19.

[20]韩宝平.大学生学习投入影响因素分析[J].国家教育行政学院学报,2014(08):77—82.

[21]何旭明.教师教学投入影响学生学习投入的个案研究[J].教育学术月刊,2014(07):93—99.

[22]贺超凯,吴蒙.edX平台教育大数据的学习行为分析与预测[J].中国远程教育,2016(06):54—59.

[23]胡弼成,王祖霖.“大数据”对教育的作用、挑战及教育变革趋势——大数据时代教育变革的最新研究进展综述[J].现代大学教育,2015(04):98—104.

[24]黄雨恒,史静寰.教育、出身与政策:少数民族大学生入学机会的分配机制研究[J].华东师范大学学报(教育科学版),2018,36(04):62—70+163—164.

[25]贾非,赵彬竹,李志创.混合学习与在线学习对学生投入度的影响——以学习环境为视角[J].复旦教育论坛,2019,17(05):55—61.

[26]靳敏,胡寿平.从数据到院校改进:全美大学生学习性投入调查的应用评析[J].比较教育研究,2015,37(08):39—46.

[27]孔企平.“学生投入”的概念内涵与结构[J].外国教育资料,2000(02):72—76.

[28]兰国帅,郭倩,钟秋菊.MOOC学习投入度与学习坚持性关系研究[J].开放教育研究,2019,25(02):65—77.

[29]李丹,张俊超.学生投入视角下学生类型对学习效果的影响研究——基于H大学本科生学习与发展调查[J].高等工程教育研究,2016(04):117—123.

[30]李婷,傅钢善.国内外教育数据挖掘研究现状及趋势分析[J].现代教育技术,2010,20(10):21—25.

[31]李宇帆,张会福,刘上力,唐兵.教育数据挖掘研究进展[J].计算机工程与应用,2019,55(14):15—23.

[32]刘斌,张文兰,刘君玲.教师支持对在线学习者学习投入的影响研究[J].电化教育研究,2017,38(11):63—68+80.

[33]刘声涛,张婷,徐丹.本科生课外时间投入对能力发展的影响——基于H大学学生就读经历调查数据[J].复旦教育论坛,2015,13(05):55—61.

[34]龙琪.剖析美国《全国大学生学习性投入调查》及其变化[J].高教发展与评估,2016,32(01):54—65+120.

[35]陆根书,刘秀英.常规和在线学习情景下学生投入特征及类型——基于西安交通大学大学生学习经历调查数据[J].高等工程教育研究,2017(03):129—136.

[36]陆根书,刘秀英.大学生能力发展及其影响因素分析——基于西安交通大学大学生就读经历的调查[J].高等教育研究,2017,38(08):60—68.

[37]罗燕,史静寰,涂冬波.清华大学本科教育学情调查报告2009——与美国顶尖研究型大学的比较[J].清华大学教育研究,2009,30(05):1—13

[38]吕林海,龚放.求知旨趣:影响一流大学本科生学习经历质量的深层动力——基于中美八所大学SERU(2017—2018)调研数据的分析[J].江苏高教,2019(09):57—65.

[39]吕林海,龚放.中美一流大学本科生"专业课程深度学习"及其影响机制的比较研究——基于SERU(2017—2018年)调查的数据分析[J].江苏高教,2021(01):78—88.

[40]吕林海,郑钟昊,龚放.大学生的全球化能力和经历:中国与世界一流大学的比较——基于南京大学、首尔大学和伯克利加州大学的问卷调查[J].清华大学教育研究,2013,34(04):100—107.

[41]吕林海,郑钟昊,龚放.中韩研究型大学本科生全球化能力和经历的比较研究——基于南京大学与首尔大学的问卷调查[J].大学教育科学,2013(06):98—109.

[42]吕林海,郑钟昊.中韩研究型大学本科生学术经历满意度研究——基于南京大学和首尔大学的问卷调查[J].教育发展研究,2013,33(01):34—42+54.

[43]马丁.特罗,徐丹,连进军.从精英到大众再到普及高等教育的反思:二战后现代社会高等教育的形态与阶段[J].大学教育科学,2009(03):5—24.

[44]马力,姜蓓蓓,杨瑞.师生关系对大学生学习投入的影响研究——基于北京市属高校的调查数据[J].思想教育研究,2017(07):121—124.

[45]牟智佳,俞显,武法提.国际教育数据挖掘研究现状的可视化分析:热点与趋势[J].电化教育研究,2017,38(04):108—114.

[46]屈廖健,陈允龙.美国研究型大学学生就读经验调查项目探析[J].高教探索,2012(02):61—65.

[47]施涛,张敏,赵云芳.两种教学策略对大学生学习投入的影响研究[J].教育学报,2016,12(01):54—61.

[48]史朝.高等教育发展的整体思路——评马丁.特罗的高等教育发展阶段理论[J].高等教育研究,1999(04):98—102.

[49]史静寰,王文.以学为本,提高质量,内涵发展:中国大学生学情研究的学术涵义与政策价值[J].华东师范大学学报(教育科学版),2018,36(04):18—27+162.

[50]史静寰,文雯.清华大学本科教育学情调查报告2010[J].清华大学教育研究,2012,33(01):4—16.

[51]史静寰.走向质量治理:中国大学生学情调查的现状与发展[J].中国高教研究,2016,(02):37—41.

[52]史秋衡,郭建鹏.我国大学生学情状态与影响机制的实证分析[J].教育研究,

2012,33(02):109-121.

[53]舒忠梅,屈琼斐.基于教育数据挖掘的大学生学习成果分析[J].东北大学学报(社会科学版),2014,16(03):309-314.

[54]舒忠梅,徐晓东,屈琼斐.基于数据挖掘的学生投入模型与学习分析[J].远程教育杂志,2015,33(01):39-47.

[55]宋博,吕云震.论数据挖掘对比较教育研究的影响[J].黑龙江高教研究,2020,38(04):87-90.

[56]苏林琴.工科大学生学习投入与收获的关系研究[J].中国高教研究,2020(02):70-76.

[57]田娜,陈明选.网络教学平台学生学习行为聚类分析[J].中国远程教育,2014(11):38-41.

[58]田甜,张玲华.基于CCSS2016问卷的大学生学习投入结构再研究[J].黑龙江高教研究,2018,36(06):119-125.

[59]田甜.高校环境对大学生学习投入的影响研究:基于CCSS2016问卷[J].教育发展研究,2018,38(17):43-49.

[60]汪雅霜,赵畅.国际大学生学习投入度研究的进展与趋势——基于CiteSpace和VOSviewer的文献计量分析[J].重庆高教研究,2021,9(02):111-127.

[61]汪雅霜.大学生学习投入度对学习收获影响的实证研究——基于多层线性模型的分析结果[J].国家教育行政学院学报,2015(07):76-81.

[62]王冬青,刘欢,邱美玲.智慧课堂教师行为数据的分析方法与应用验证[J].中国电化教育,2020(05):120-127.

[63]王世嬛,陈英敏.2000-2016年"全美大学生学习性投入调查"年度报告解析及其启示[J].外国教育研究,2018,45(06):41-54.

[64]王伟宜,刘秀娟.家庭文化资本对大学生学习投入影响的实证研究[J].高等教育研究,2016,37(04):71-79.

[65]魏署光,陈敏,张俊超,雷洪德."本科生学习与发展调查"的理论基础、问卷框架及信效度——基于华中科技大学的实践[J].高等工程教育研究,2015(03):114-120.

[66]魏署光,陈敏.本科生学习效果影响机制研究——基于华中科技大学SSLD的分析[J].高等工程教育研究,2016(02):167-173.

[67]文雯,史静寰,周子矜.大四现象:一种学习方式的转型——清华大学本科教育学情调查报告2013[J].清华大学教育研究,2014,35(03):45-54+80.

[68]邬贺铨.大数据思维[J].科学与社会,2014,4(01):1-13.

[69]吴瑶,陈敏,魏署光.基于本科生就读期望分类的学生投入度差异分析——以H大学SSLD为例[J].高等工程教育研究,2017(01):96-101.

[70]徐波.高校学生投入:从理论到实践[J].教育研究,2013,34(07):147-154.

[71]徐波.高校学生投入理论:内涵、特点及应用[J].高等教育研究,2013,34(06):48-54.

[72]徐丹,唐园,刘声涛.研究型大学学生类型及其学习效果——基于H大学本科生

就读经历调查数据的实证分析[J].高教探索,2019(03):22—29.

[73]许长勇,贺立军,吕正仪.大学生专业承诺对学习投入的影响研究[J].河北工业大学学报,2013,42(02):102—105.

[74]阎光才.我国本科教与学过程的特征与问题分析[J].中国高教研究,2020(05):1—8.

[75]杨立军,张薇.大学生学习投入的影响因素及其作用机制[J].高教发展与评估,2016,32(06):49—61+92—93.

[76]杨院,李艳娜,丁楠.大学生学习投入类型及其与学习收获关系的实证研究[J].高教探索,2017(03):74—77.

[77]杨院.以学习投入为中介:学生学习信念影响学习收获的机制探究——以"985高校"本科生为例的分析[J].高教探索,2016(03):75—78.

[78]尹弘飚.行为观、心理观与社会文化观:大学生学习投入研究的视域转移——兼论中国高校教学质量改进[J].华东师范大学学报(教育科学版),2020,38(11):1—20.

[79]于海琴,代晓庆,邵丽婷,牛慧娟.拔尖大学生的学习特征与类型:与普通班的比较[J].复旦教育论坛,2016,14(05):39—44.

[80]张洪亚,郭广生.理工科大学生学习投入对学习收获影响的实证研究[J].西南交通大学学报(社会科学版),2018,19(05):28—33.

[81]张婷,徐丹,刘声涛.本科生的时间分配对学习成绩的影响——基于 2011 年 H 大学本科生就读经历调查数据的分析[J].大学教育科学,2015(02):112—120.

[82]周廷勇,周作宇.高校学生发展影响因素的探索性研究[J].复旦教育论坛,2012,10(03):48—55+86.

[83]祝智庭,沈德梅.基于大数据的教育技术研究新范式[J].电化教育研究,2013,34(10):5—13.

[84]庄妍,张典兵.大学生未来时间洞察力与主观幸福感:学习投入的中介效应[J].教育评论,2015(07):85—87+114.

[85]Abu A.Educational Data Mining & Students′ Performance Prediction[J].International Journal of Advanced Computer Science and Applications,2016,7(5):212—220.

[86]Ahmed A , Ahmet Rizaner A H U .Using data mining to predict instructor performance[J].Procedia Computer Science,2016,102:137—142.

[87]Alshammari I A , MD Aldhafiri, Alshammari Z .A Meta—Analysis of Educational Data Mining on Improvements in Learning Outcomes[J].College Student Journal,2013,47(2):326—333.

[88]Al—Twijri M I , Noaman A Y .A New Data Mining Model Adopted for Higher Institutions[J].Procedia Computer Science,2015,65:836—844.

[89]Amershi S .Combining Unsupervised and Supervised Classification to Build User Models for Exploratory Learning Environments[J].Journal of Educational Data Mining,2009,1:1—54.

[90]Appleton J J ,Christenson S L ,Kim D ,et al.Measuring cognitive and psychological

engagement: Validation of the Student Engagement Instrument[J].JOURNAL OF SCHOOL PSYCHOLOGY,2006,44(5):427—445.

[91]Astin A W .Student involvement: A developmental theory for higher education[J]. Journal of College Student Development,1984,40(5):518—529.

[92]Astin A W,Others A.Implications of a Program of Research on Student Development in Higher Education.[J].Data Collection,1967:42.

[93]Astin,Alexander W.The Methodology of Research on College Impact,Part One[J]. Sociology of Education,1970,43(3):223—254.

[94]Attewell P ,Monaghan D .How Many Credits Should an Undergraduate Take? [J]. Research in Higher Education,2016,57(6):682—713.

[95]Bakhshinategh B ,Zaiane O R ,Elatia S ,et al.Educational data mining applications and tasks: A survey of the last 10 years[J].Education & Information Technologies,2017,23: 537 - 553.

[96]Bakker A B ,Sanz Vergel A I ,Kuntze J .Student engagement and performance: A weekly diary study on the role of openness[J].Motivation & Emotion,2015,39(1):49—62.

[97]Beaulac C ,Rosenthal J S .Predicting University Students' Academic Success and Major Using Random Forests[J].Research in Higher Education,2019,60:1048 - 1064.

[98]Boatman A ,Long B T .Does Financial Aid Impact College Student Engagement? [J].Research in Higher Education,2016,57(6):653—681.

[99]C Romero, S Ventura.Educational data mining: A survey from 1995 to 2005[J].Expert Systems with Applications,2007,33(1):135—146.

[100]Carini R M ,Klein K S P .Student Engagement and Student Learning: Testing the Linkages[J].Research in Higher Education,2006,47(1):1—32.

[101]Chi Z ,H Yan,Ying F ,et al.Advances in Educational Data Mining Models and the Application of Its Algorithms[J].Journal of Harbin Institute of Technology,2016(06):36—44.

[102]Chickering A W ,Gamson Z F .Seven principles for good practice in undergraduate education[J].Biochemistry and Molecular Biology Education,1989,17(3):140—141.

[103] Coates H . Development of the Australasian survey of student engagement (AUSSE)[J].Higher Education,2010,60(1):1—17.

[104]Crisp G ,Doran E ,Reyes N .Predicting Graduation Rates at 4—year Broad Access Institutions Using a Bayesian Modeling Approach[J].Research in Higher Education,2018,59: 133—155.

[105]D Witteveen,P Attewell.The College Completion Puzzle: A Hidden Markov Model Approach[J].Research in Higher Education,2017,58:449—467.

[106]Ernest T.Pascarella .College Environmental Influences on Students' Educational Aspirations[J].The Journal of Higher Education,1984,55(6),751 - 771.

[107]Ernest T.Pascarellasupa/sup, Tricia A.Seifertsupb/sup & Charles Blaichsupc/sup. How Effective are the NSSE Benchmarks in Predicting Important Educational Outcomes? [J].

Change：The Magazine of Higher Learning,2010,42(1):p.16－22.

[108]Flynn D .Baccalaureate Attainment of College Students at 4－Year Institutions as a Function of Student Engagement Behaviors：Social and Academic Student Engagement Behaviors Matter[J].Research in Higher Education,2014,55(5):467－493.

[109]Harwati,Alfiani A P , Wulandari F A .Mapping Student's Performance Based on Data Mining Approach （A Case Study）[J]. Agriculture and Agricultural Science Procedia, 2015,3:173－177.

[110]Heinimann,Hans R.A model－based approach to predicting graduate－level performance using indicators of undergraduate－level performance[J].Journal of Educational Data Mining,2015,7(3):151－176.

[111]Jin C , Hossler D .The Effects of Financial Aid on College Success of Two－Year Beginning Nontraditional Students[J].Research in Higher Education,2016,58(1):1－37.

[112] Kahn P E . Theorising student engagement in higher education [J]. British Educational Research Journal,2014,40(6):1005－1018.

[113]Kahu E R ,Nelson K .Student engagement in the educational interface：understanding the mechanisms of student success[J].Higher Education Research & Development,2017:1－14.

[114]Kahu E R ,Picton C ,Nelson K .Pathways to engagement：a longitudinal study of the first－year student experience in the educational interface[J]. Higher Education,2020,79(1).

[115] Kahu, E. R. (2013). Framing student engagement in higher education.Studies in Higher Education,38(5),758－773.

[116]Ko J ,Park S ,Yu H ,et al.The Structural Relationship Between Student Engagement and Learning Outcomes in Korea[J].The Asia－Pacific Education Researcher,2015,25(1):1－11.

[117]Kreng,Heng.The Relationships between Student Engagement and the Academic Achievement of First－Year University Students in Cambodia[J].The Asia－Pacific Education Researcher,2013,23(2):179－189.

[118]Kuh G D.The National Survey of Student Engagement：Conceptual Framework and Overview of Psychometric Properties[J].Bloomington,2001.

[119]Kuh P.A Typology of Student Engagement for American Colleges and Universities [J].Research in Higher Education,2005,46(2):185－209.

[120]Lanasa S M ,Cabrera A F ,Trangsrud H .The Construct Validity of Student Engagement: A Confirmatory Factor Analysis Approach[J].Research in Higher Education,2009,50(4):315－332.

[121]Laura,Calvet,Liñán,et al.Educational Data Mining and Learning Analytics：differences,similarities, and time evolution[J]. International Journal of Educational Technology in Higher Education,2015.

[122]Lawson M A ,Lawson H A .New Conceptual Frameworks for Student Engagement Research,Policy,and Practice[J].Review of Educational Research,2013,83(3):432—479.

[123]Li K C ,Fu L W .Student Engagement: Meanings,Approaches and Ideas for Educators Interested in ICT[J].Communications in Computer & Information Science,2012,302:1—10.

[124]Luan J .Data Mining and Its Applications in Higher Education[J].New Directions for Institutional Research,2002,2002(113):17 - 36.

[125]Luo Y ,Xie M ,Lian Z .Emotional Engagement and Student Satisfaction: A Study of Chinese College Students Based on a Nationally Representative Sample[J].Asia Pacific Education Researcher,2019.

[126] Macfarlane B , Tomlinson M . Critiques of Student Engagement [J]. Higher Education Policy,2017,30(1):5—21.

[127]Megan E.Lutz.The National Survey of Student Engagement: A university—level analysis[J].Tertiary Education and Management,2010,16(1),35—44.

[128]Musso M F ,CFR Hernández,Cascallar E C .Predicting key educational outcomes in academic trajectories: a machine—learning approach[J].Higher Education,2020:1—20.

[129]Net W I ,Mehdinezhad V .First Year Students' Engagement at the University[J].International Online Journal of Educational Sciences,2011.

[130]Papamitsiou,Z.,Economides,A.Learning Analytics and Educational Data Mining in Practice: A Systematic Literature Review of Empirical Evidence[J].Educational Technology & Society,2014,17(4),49 - 64.

[131]Pena—Ayala A .Educational data mining: A survey and a data mining—based analysis of recent works[J].Expert Systems with Applications,2014,41(4pt.1):1432—1462.

[132]Pike G R ,GD Kuh,Mccormick A C ,et al.If and When Money Matters: The Relationships Among Educational Expenditures,Student Engagement and Students' Learning Outcomes[J].Research in Higher Education,2011,52(1):81—106.

[133]Pike G R ,Kuh G D .First— and Second—Generation College Students: A Comparison of Their Engagement and Intellectual Development[J].Journal of Higher Education,2005,76(3):276—300.

[134]Porter S R .Institutional structure and student engagement[J].Research in Higher Education,2006,47(5):521—558.

[135]RYAN S.J.D.BAKER.The State of Educational Data Mining in 2009: A Review and Future Visions[J].Journal of Educational Data Mining,2009,1(1):1—16.

[136]Saenz V B ,D Hatch,Bukoski B E ,et al.Community College Student Engagement Patterns: A Typology Revealed Through Exploratory Cluster Analysis[J].Community College Review,2011,39(3):235—267.

[137]Shaun,R,Harper,et al.Gender Differencesin Student Engagement Among African American Undergraduatesat Historically Black Collegesand Universities[J].Journal of College

Student Development,2004,271—284.

[138]Shouping,Hu,Alexander,et al.An Engagement—Based Student Typology and Its Relationship to College Outcomes[J].Research in Higher Education,2012,53(7):738—754.

[139]Slater S ,Joksimovic S ,Kovanovic V ,et al.Tools for Educational Data Mining：A Review[J].Journal of Educational & Behavioral Statistics,2016.

[140] Stephanie A , Mehta S , Sellnow T . Measurement and analysis of student engagement in university classes where varying levels of PBL methods of instruction are in use [J].Higher Education Research and Development,2005,24(1):40005—40016.

[141]Tinto V.Dropout in Higher Education：A Review and Theoretical SynthesiS of Recent Research[J].Review of Educational Research,1975,45(1):89—125.

[142]Umbach P D ,Wawrzynski M R .Faculty do Matter：The Role of College Faculty in Student Learning and Engagement[J].Research in Higher Education,2005,46(2):153—184.

[143] Vali Mehdinezhad. First Year Students′ Engagement at the University ［J］. International Online Journal of Educational Sciences,2011,3(1),47—66.

[144]Wolniak H .Initial Evidence on the Influence of College Student Engagement on Early Career Earnings[J].Research in Higher Education,2010,51(8):750—766.

[145]Xerri M J ,Radford K ,Shacklock K .Student engagement in academic activities：a social support perspective[J].Higher Education,2017,75(4):1—17.

[146]Xing W ,Guo R ,Eva P ,et al.Participation—based student final performance prediction model through interpretable Genetic Programming：Integrating learning analytics,educational data mining and theory[J].Computers in Human Behavior,2015,47(jun.):168—181.

[147]Yue H ,Fu X .Rethinking Graduation and Time to Degree：A Fresh Perspective[J]. Research in Higher Education,2017,58(2):184—213.

[148]Yura L ,Marco G .Study Engagement in Italian University Students：A Confirmatory Factor Analysis of the Utrecht Work Engagement Scale—Student Version[J].Social Indicators Research,2019:1—10.

[149]Zhoc K C H ,Webster B J ,King R B ,et al.Higher Education Student Engagement Scale （HESES）： Development and Psychometric Evidence ［ J ］. Research in Higher Education,2019.

后　记

　　有幸在符合申报条件的身为"青年"的最后一年命中了教育部人文社会科学研究青年基金项目"基于教育数据挖掘的高校学生投入影响因素与评价模型研究"(19YJC880016)，这一选题也是在完成博士论文"高校学生学业表现数据建模"的过程中挖掘出来的：大学生学业表现的影响因素有很多，学生投入是其中较为重要的一类，那学生投入又有可能受哪些因素影响呢，对学生投入怎样进行评价呢？怎样结合数据分析与挖掘方法对学生投入进行研究呢？对这些问题的思考使我产生了申报课题的想法并最终付诸于行动。

　　通过三年的努力，我对于这些问题的探索性回应集中于这本专著中。基于某高校的各种类型的数据，运用传统统计分析如独立样本 T 检验、ANOVA、皮尔逊相关系数分析等探讨了高校学生投入的差异性和相关性；应用支持向量机、人工神经网络、决策树等教育数据挖掘方法对不同类型的学生投入进行分类预测，达到了一定的有效性；提出了包括周学习投入时间、周课外投入时间、周休闲娱乐时间、实践报告次数、生生互动、师生互动、学习策略、意志力、学术讲座和志愿服务等 10 项指标的高校学生投入评价指标体系，并通过聚类算法将学生投入分为全面积极型、全面消极型、积极学习型、积极社交型、积极互动型、休闲娱乐型、课外活跃型等 7 种具有一定可理解性的类型。从某种意义上来说，这也进一步验证了教育数据挖掘方法在高校教育管理领域应用的可行性和可信性。当然，由于个人功力所限，研究中必然还存在许多不足，也望同仁包涵。

　　感谢课题组成员徐波、周方舒、秦新国、王雪、沈迎新、刘晓东、陈婕、汪利、单德伟、朱斌等在课题申报及研究过程中给予的各种帮助。研究生王增琦、吴士雨、杨志禹协助整理了第二章中教育数据挖掘研究方法部分的内容并对书稿进行了核对。感谢出版社编辑认真细致的工作。

　　最后感谢我的父母和妻子冯郁、女儿丁小珂，宽容、和睦的家庭让我每天心情愉悦地去追寻属于自己的一点小梦想。

丁国勇

2021 年 6 月于南京三汊河